«Ein Spätsommertag im Jahr 1963. In Washington feilte Martin Luther King gerade an seiner Rede ‹I have a dream›, die Russen tüftelten in Moskau an einer neuen Weltraumsonde herum, und Konrad Adenauer machte es sich im Bonner Kanzleramt mit einem Feigenschnaps gemütlich, da stapfte meine Mutter missmutig durch die Straßen von Düsseldorf, im dritten Monat schwanger. Verdammt. Mit einundzwanzig. Wo das Leben gerade erst begann, ihr Spaß zu machen. Ihren schönen Job im Plattenladen, Männer, Tanz und Rock 'n' Roll, mehr wollte sie nicht, vielleicht hier und da noch ein Gläschen Martini, aber kein quengelndes Kind am Rocksaum. Meine Mutter lief weiter, kämpfte mit den Tränen. Emotional gesehen war ihre Lage verheerend – rational betrachtet auch. Sie hatte nicht einmal eine eigene Wohnung. Und sie hatte keinen Mann. Wer war eigentlich der Vater? Die Männergesichter, die in Frage kamen, zogen an ihr vorbei wie Fahndungsfotos, und sie, die einzige Zeugin, sollte den Täter identifizieren: den charmanten, eleganten Robert; Ralph, den Indonesier, dann diesen Altstadtflirt, groß und dunkelhaarig ... wie hieß er noch gleich?»

JUTTA WEBER, geboren 1964, ist Kinderärztin und Psychotherapeutin und lebt mit ihrer Familie in Krefeld.

ELLA CARINA WERNER, Jahrgang 1979, ist Redakteurin des Satire-Magazins Titanic. Sie veröffentlichte zahlreiche humorvolle Texte, u. a. in der taz, dem Missy Magazine, in der FAZ und auf ZEIT Online.

JUTTA WEBER

mit Ella Carina Werner

RASTAVATI

**WIE ICH MEINE
JAMAIKANISCHEN
WURZELN FAND**

Rowohlt Taschenbuch Verlag

4. Auflage Februar 2018

Originalausgabe
Veröffentlicht im Rowohlt Taschenbuch Verlag,
Reinbek bei Hamburg, April 2017
Copyright © 2017 by Rowohlt Verlag GmbH,
Reinbek bei Hamburg
Redaktion Tobias Schumacher-Hernández
Umschlaggestaltung ZERO Werbeagentur, München
Umschlagabbildung FinePic®, München
Satz aus der Alegreya, InDesign,
bei Pinkuin Satz und Datentechnik, Berlin
Druck und Bindung CPI books GmbH, Leck, Germany
ISBN 978 3 499 63190 0

Fi mi fambly

INHALT

TEIL EINS

I have a dream **11** • Blaue Flecken **14** • Das erste Mulattenbaby der Stadt **18** • Wilde Gerüchte in Meerbusch **24** • Ein Haufen Probleme **27** • Wohin, weiß der Himmel **32** • Ein neues Zuhause **38** • Seilchensprung und Hinkekästchen **41** • Eine richtige Familie **45** • Der Stammkunde ist König **51** • Zunehmende Konflikte **57** Krause Haare, krauser Sinn **60** • Frühschoppen mit Malzbier **63** • Ganzbruder **66** • Tschömeika **70** • Das Mädchen im Super-8-Film **78** • Der Ernst des Lebens **80** Zu viel Lakritz **85** • Die schwarzen Herren **88** • Eine schmerzhafte Entscheidung **93** • David **98** • Mozart und Schopäng **101** • Lord, have mercy on me **106** • Unter den Palmen Jamaikas **113** • Friedensgebete in gebatikten Latzhosen **120** • Weise Ratschläge **123** • Schaum vorm Mund **127** • Schwarz für sich und Weiß für sich **132** Geständnis und Abschied **136**

TEIL ZWEI

Redemption song **145** • Eine reizende Familie **149**
Bohrende Fragen **154** • Helgas Paradies **159**
Akribische Recherche **166** • Anregende Lektüre **171**
Owen **177** • Lob der deutschen Bürokratie **182**
Glühende Ohren **191** • Hans **197** • Ein Fall für den
Privatdetektiv **200** • Asymmetrische Nasolabialfalten **205**
Dear Mr McFarlane **210** • Der Mann mit der Gitarre **217**
Ein ganz besonderer Moment **226** • Good old time **229**
Abschied und Ankunft **237** • Happy Retreat **241**

TEIL EINS

I HAVE A DREAM

Wem als Kind Mutter oder Vater fehlt, für den ist der andere Elternteil umso wichtiger. Mein Vater war nicht da, war nichts als ein Traumbild, eine Fata Morgana mit Rastalocken, und meine blonde, leibhaftige Mutter war mein Ein und Alles.

Schön, stolz, lebenshungrig und voller Freiheitsdrang, schienen mein Glück oder Unglück allein von ihr abzuhängen. Sie konnte über Kleinigkeiten lachen, bis ihr die Tränen herunterliefen. Sie konnte sämtliche Elvis-Lieder pfeifen und gleichzeitig dazu tanzen, und sie konnte wunderbar Geschichten erzählen, wobei ihre Augenbrauen zuckten und ihre Stimme an- und abschwoll. Es waren immer dieselben zwei Dutzend Geschichten, die sie mir in meiner Kindheit erzählte, mit denen sie mir ihr Leben erklärte. Diese Geschichten waren für mich wie ein Mantra, sie beruhigten mich, und ich wollte sie immer wieder hören.

Es gab drei Sorten: Schaurige Geschichten, schöne Geschichten und Geschichten rund um ihre Schwangerschaft und meine Geburt, von denen ich nie genau wusste, ob sie nun schaurig oder schön waren oder beides zugleich.

Es war ein Spätsommertag im Jahr 1963. In Washington feilte Martin Luther King gerade an seiner berühmten «I have a dream»-Rede, die Russen tüftelten in Moskau an einer neuen Weltraumsonde herum, und Konrad Adenauer machte es sich im Bonner Kanzleramt mit einem Feigenschnaps gemütlich, da stapfte meine Mutter missmutig durch die Straßen von Düsseldorf.

«Sie sind schwanger, Fräulein Nielsen!»

Die Worte des lächelnden Frauenarztes, aus dessen Praxis sie vor einer Stunde gestürmt war, hallten unheilvoll in ihrem Kopf nach.

Schwanger, verdammt. Mit einundzwanzig. Wo das Leben gerade begann, Spaß zu machen. Ihren schönen Job im Plattenladen, Männer, Tanz und Rock'n'Roll, mehr wollte sie nicht, vielleicht ab und zu noch ein Gläschen Martini ... aber sicher kein quengelndes Kind am Rocksaum, für das sie Tag und Nacht verantwortlich sein sollte.

Zwei Frauen in mausgrauen Mänteln kamen ihr auf der Straße entgegen, schoben ihre Kinderwagen glückstrahlend vor sich her. Bei dem Gedanken, im kommenden Frühling genauso umherzulaufen, wurde ihr speiübel.

Meine Mutter sog an ihrer Zigarette, lief weiter, kämpfte mit den Tränen. Emotional gesehen war ihre Lage verheerend – rational betrachtet auch. Sie hatte nicht einmal eine eigene Wohnung. Und sie hatte keinen Mann. Genauer gesagt keinen Mann, mit dem sie sich ein gemeinsames Leben vorstellen konnte. Mit Männern tanzen, lachen, in ihren Armen liegen und aus ihren Portemonnaies eine Cola-Rum spendiert bekommen brachte sie in Hochstimmung, aber mit einem Mann zusammenzuleben, jeden Tag, mit seinem Geruch, seiner Zahnbürste neben der ihren und seinem dösigen Blick am Morgen, war völlig ausgeschlossen, und ihn am Ende sogar zu heiraten – niemals!

Um welchen Mann ging es eigentlich? Der Gedanke kam ihr erst jetzt. Wer war der Vater? Sie versuchte, sich an die Wochenenden vor zwei, drei Monaten zu erinnern. Da war allerhand passiert. Die Männergesichter, die in Frage kamen, zogen an ihr vorbei wie Fahndungsfotos, und sie, die einzige Zeugin, sollte den Täter identifizieren. Da waren: der charmante, steinreiche und elegante Robert; dann Ralph, der Indonesier; außerdem dieser Altstadtflirt, groß und dunkelhaarig ... wie hieß er noch gleich?

Ein hupendes Auto riss sie aus ihren Gedanken. Aus dem trostlosen Gewirr an der Kreuzung leuchtete ihr ein Café entgegen. Ein Lichtblick in all der Trübsal. Sie eilte über die Straße und stieß die Tür auf. Drinnen war es voll und verqualmt. Meine Mutter schob sich an den überfüllten Tischen entlang, vorbei an Fönfrisuren und Schmalzlocken, bis zur Damentoilette. Dort starrte sie in den Spiegel. Bis auf die verlaufene Wimperntusche sah sie ganz passabel aus, mit ihren schön geschwungenen Lippen, den großen grünen Augen und dem blonden, hochtoupierten Haar. Sie putzte sich die Nase, wischte die Wimperntusche ab und zog Kajal- und Lippenstift nach. Dann ging sie zurück, setzte sich an einen kleinen Tisch, zündete sich eine Zigarette an und bestellte Kaffee. Aus der Jukebox wummerte ihr Lieblingslied, «Rock Around the Clock» von Bill Haley. «We're gonna rock, rock, rock till broad daylight ...», und ehe sie sich's versah, wippte ihr Stöckelschuh auf und ab.

Genug Selbstmitleid! Irgendeine Lösung würde sich schon finden.

BLAUE FLECKEN

Ihre eigene Mutter war gestorben, als sie gerade zwanzig war. Um ihrem cholerischen, verbohrten und häufig betrunkenen Vater endlich zu entkommen, hatte sich meine Mutter zwei Jahre zuvor auf ein Zeitungsinserat gemeldet und war als Untermieterin in die Villa der alten Frau Dönberg gezogen, ins noble Meerbusch-Büderich. Wenn sie überhaupt einmal zu Hause war, bewohnte sie das ehemalige Dienstmädchenzimmer im Keller, welchen Frau Dönberg «Suterä» nannte. Die alte Dame sagte auch «Pardon», «Kanapee» und solche seltsamen Sachen, stellte bei jeder Gelegenheit ihre großbürgerliche Herkunft und ihr lupenreines Französisch zur Schau.

Es war eine leicht muffig riechende, beängstigend große Villa, die ihre besten Jahre längst hinter sich hatte. Herr Dönberg hatte es mit seinem rheinischen Elektro-Imperium zu einem Vermögen gebracht. Jetzt war er tot, die Kinder fortgezogen und Frau Dönberg allein. Halb taub und fast blind, drückte sie, wenn sich Mutter nach einer durchtanzten Nacht früh am Morgen in die Villa stahl, ein trübes Auge zu und nahm selbst das Tuscheln der Nachbarinnen in Kauf, heilfroh, nicht immer allein zu sein in diesem riesigen Haus.

An jenem Abend, nachdem sie den Nachmittag im Café verbracht hatte, schloss sich meine Mutter im Badezimmer ein, ließ heißes Wasser in die Wanne einlaufen und goss noch siedend heißes Wasser aus dem Kochtopf hinzu. Dann kippte sie ordentlich Rosmarinöl hinein, setzte sich in die überheizte Brühe und wartete. Eine Bardame hatte ihr einmal zugeraunt, dass dies eine todsichere Methode sei, eine Schwangerschaft zu beenden. Doch außer roten Flecken auf Armen und Beinen passierte nichts.

Am nächsten Tag stieg meine Mutter auf einen Stuhl, den sie auf den Tisch gestellt hatte, und sprang hinunter. Unsanft kam sie auf. Sie zählte die blauen Flecken an Oberschenkeln und Hüften und wartete auf irgendein Zeichen ihres Körpers, aber es kam nichts. Am Folgetag sprang sie von der Treppe – vergeblich. Auf jede erdenkliche Art versuchte sie, das Kind in ihrem Bauch wieder loszuwerden. Doch nichts half.

Ich, ihr Baby, hatte mich festgesetzt.

Abtreibung stand in den sechziger Jahren strikt unter Strafe. Dennoch gab es ein paar wagemutige Ärzte und windige Kurpfuscher, die den Eingriff heimlich vornahmen. Man durfte sich nur nicht erwischen lassen. Also holte sich meine Mutter bei einem geschäftstüchtigen Medizinstudenten, der seine illegale Praxis in einer Düsseldorfer Industriebrache betrieb, einen Termin.

An jenem Morgen – sie hatte sich bei der Arbeit mit der Erklärung entschuldigt, sie habe Fieber – wollte sie gerade ihren Mantel vom Haken nehmen und die Sache ein für alle Mal hinter sich bringen, als Frau Dönberg plötzlich hinter ihr stand, in der Tiefe des lichtlosen Flurs. Agathe Dönberg, groß und hager wie eine dürre Tanne, sah in ihrem altrosafarbenen Brokat-Hauskleid aus wie eine Opernsängerin in der Künstlergarderobe, die ihre besten Tage längst hinter sich hatte.

Frau Dönbergs sonst so beherrschtes Lächeln war aus ihrem Gesicht gewichen. Irgendwie hatte sie Lunte gerochen und stellte ihre Untermieterin zur Rede, quetschte meine überrumpelte Mutter aus. Frau Dönberg, katholisch, gottesfürchtig und vierfache Mutter, hob den perlmuttfarben lackierten Zeigefinger und drohte meiner Mutter bei der heiligen Maria, sie bei der Polizei anzuzeigen, wenn sie ihren Plan nicht aufgab.

«Zwei Jahre Damenzuchthaus für Babymörderin» hatte kürzlich in der *Rheinischen Post* gestanden. Die Schlagzeile hatte sich meiner Mutter eingebrannt. Eine Weile starrten sich die beiden Frauen schweigend an. Dann hängte meine Mutter wortlos ihren Mantel zurück an die Garderobe, nicht ohne die kompromisslose Greisin (der ich nicht weniger als mein Leben verdanke!) mit einem eisigen Blick zu bedenken.

Die Würfel waren gefallen. Das Kind würde bleiben und wachsen und irgendwann sogar herauskommen. Aber bis dahin dauerte es noch eine Weile. Nach wie vor ging meine Mutter jedes Wochenende tanzen in den zahllosen Musikbars. Theke, Tanzfläche und Livemusik, fertig waren die angesagtesten Tanzschuppen von Düsseldorf. Selbst in der kleinsten Spelunke war Platz für ein paar Musiker, die Jazz oder Rock'n'Roll spielten, auf engstem Raum drängten sich Schlagzeuger, E-Gitarristen, Saxophonisten und Kontrabassisten zusammen.

Es waren die frühen sechziger Jahre, die Nachkriegszeit schien abgehakt, jetzt sollte endlich gefeiert werden. Elvis Presley war auf der Höhe seines Erfolges, und der Rock'n'Roll zog die Liebe der Jungen auf sich wie den Groll der Alten.

Wenn die ersten Gitarrenriffs erklangen, vergaß meine Mutter alle Sorgen. Sie tanzte in ihrem engen Bleistiftrock, auf ihren Stöckelschuhen mit den Pfennigabsätzen, wackelte mit Knien und Hintern und wirbelte über das Parkett. Von hinten war sie weiterhin so schmal, dass die Männer ihr nachschauten.

Einmal tippte ihr ein Typ auf die Schulter, sagte: «Na, du

kleine Zuckerperle?», dann bemerkte er ihren Bauch, der sich unter dem Kleid wölbte. Sofort hob er erzürnt seinen Zeigefinger und scholt sie eine Rabenmutter, die gefälligst zu Hause bleiben solle, wie jede andere anständige Frau in diesem Zustand auch.

Je größer der Bauch meiner Mutter wurde, desto mehr streiften sie strafende Blicke. Ein Mann raunte ihr am Tresen zu, laute Musik fördere körperliche Missbildungen und Idiotie. Selbst ihre Freundinnen riefen ihr über die Tanzfläche zu: «Hömma, das wird ja taub und seekrank, dein Baby!»

Was wollten sie alle von ihr? Sollte sie daheim auf dem Sofa liegen, ein trauriges Walross im Umstandskleid, sollte sie Jäckchen und Mützchen stricken und Monogramme in Spucktücher sticken?

Als sie schließlich beim besten Willen nicht mehr in ihre engen Röcke und taillierten Kleider passte, zog sie nicht mehr mit den anderen los. Sie hatte sich zwar ein paar todschicke Umstandskleider zugelegt, aber in Bars konnte sie in diesem Aufzug unmöglich gehen.

Wenige Wochen vor der Geburt gab sie sogar ihren geliebten Job im Plattenladen auf. Sie zögerte die Kündigung so lang wie möglich hinaus, weil es kaum einen Ort gab, an dem sie sich wohler fühlte. Die «Plattenbörse Roberts» war ein kleiner, verwinkelter Laden in der Altstadt von Düsseldorf, vollgestopft mit dem feinsten Vinyl von Liverpool bis San Francisco. Es war der einzige Ort, wie sie später gern sagte, wo sie den ganzen Tag von Menschen umgeben war, die sie wirklich mochte: Elvis, Bill Haley und Co.

DAS ERSTE MULATTENBABY DER STADT

In den sechziger Jahren war ein Krankenhaus ein Ort von beeindruckender Nüchternheit. Die obersten Gebote lauteten Sterilität und Hygiene. Langsam und bedächtig bewegten sich Personal und Patienten durch die Krankenhausflure, die nach Bohnerwachs, Äther und Desinfektionsmittel rochen. Die Farbe Weiß und der alles beherrschende süßlich-chemische Geruch zogen sich leitmotivisch durch sämtliche Stationen. Kurz: Die Krankenhauswelt hatte mit der realen Welt da draußen nicht das Geringste zu tun. Es war eine kalte Gegenwelt, ein komplettes Paralleluniversum. Und ein ziemlich betriebsames.

Es war das Jahr 1964, die Hochphase der Babyboomer. Die Anti-Baby-Pille war erst seit wenigen Jahren auf dem Markt. Die Lebensfreude war groß und die Lust zu verhüten klein. Das Wirtschaftswunder versprach eine rosige Zukunft, und auf den Krankenhausfluren drängten sich die Kugelbäuche und die vor Wehen stöhnenden Frauen.

Dass die Väter bei der Geburt anwesend waren, war zu dieser Zeit noch unvorstellbar, sodass niemand aufsah, als meine Mutter an diesem sonnigen Morgen im Mai ganz allein zur Entbindung erschien. Im Kreißsaal wurde sie von einer rundlichen, dick bebrillten Hebamme empfangen, die eine blütenweiße gestärkte Tracht mit Häubchen trug. Diese hievte meine Mutter auf das Kreißbett, betastete den Bauch und urteilte fachmännisch: «Dat dauert noch wat, Kindchen», ehe sie sich gemütlich mit ihrem Strickzeug auf einem Stuhl niederließ. Mit zunehmender Wehenstärke steigerte sich Mutters Wut über die tiefenentspannte Hebamme, die sich, seelenruhig strickend, nach der ein oder anderen Reihe mit der freigewordenen Nadel an der Kopfhaut unter ihrem Schwesternhäubchen kratzte.

«Verfluchte Hölle, jetzt tun Sie doch was, verdammt noch mal!», schimpfte meine Mutter, wenn sie gerade von einer kräftigen Wehe überrollt wurde, um sich in der darauffolgenden Wehenpause wieder zu entschuldigen. Irgendwann legte die Hebamme ihr Strickzeug endlich beiseite, klinkte sich in das Geschehen ein und befal, kräftig zu pressen.

Zögerlich schob ich mich auf die Welt – ein kleines, schreiendes Mädchen mit milchkaffeebrauner Haut und dichtem schwarzem Haar.

Die Hebamme stieß einen Seufzer aus. «Ach, du grüne Neune, is die dunkel! Äh, süß. Wirklich goldig! So wat hab isch noch nit jesehen! Renate, komma!», begrüßte sie in tiefstem rheinischem Singsang das wahrscheinlich erste Mulattenbaby, das in diesem Krankenhaus das Licht der Welt erblickt hatte.

Erschöpft, völlig aus der Puste, rieb auch meine Mutter sich die Augen und betastete staunend die Haut des brüllenden, blutverklebten Bündels, das ihr die Hebamme reichte. Ein Mädchen! Und tatsächlich, die Haut war braun, geradezu karamellfarben – was die Zahl der in Frage kommenden Väter deutlich übersichtlicher machte. War es nun der Indonesier? Oder vielleicht doch dieser Jamaikaner, an den sie sich nur vage erinnerte?

Sie war viel zu erschöpft und außerdem grenzenlos erleichtert, die langwierige und schmerzhafte Geburt hinter sich zu haben, um sich ernsthafte Gedanken zu machen. Sie wollte ausruhen und das Baby bestaunen, ehe es die Hebamme zum Wiegen und Waschen mitnahm. Über das lästige Vaterthema konnte sie später noch nachdenken.

Die Nachricht eines frischgeborenen Halbmohren verbreitete sich im Krankenhaus wie ein Lauffeuer. Jeder wollte einen Blick auf das Baby werfen, sogar die Kantinenkräfte. Das Personal drängte sich vor der dicken Scheibe des Säuglingszimmers, in dem die Neugeborenen dicht an dicht in ihren Bettchen lagen. Alle staunten über die langen, dichten Haare und die vollen Lippen. Wie putzig dieses Kind war! Aber natürlich auch fremdartig.

Am Nachmittag kam ein Arzt ans Krankenbett meiner Mutter. Betrachtete mich, betastete fachmännisch den dunklen Haarflaum, der noch mein ganzes Gesicht umrahmte, kratzte sich das glattrasierte Kinn und murmelte: «Sieht aus wie ein kleiner Affe.»

Den Blick meiner Mutter streifend, deren linke Augenbraue sich bereits bedrohlich anhob, die schon die Lippen öffnete, kurz davor, ihn in Grund und Boden zu schimpfen, schob er eilig hinterher: «Ein süßer, versteht sich!»

Am Abend, als es ruhig und dunkel im Krankenhaus war und nur das Schnarchen ihrer Zimmernachbarin die Stille durchbrach, schlich sich die Vaterfrage wieder ein.

Nach einigem Grübeln fällte Mutter eine pragmatische Entscheidung. Der Indonesier musste es sein. Von dem Jamaikaner wusste sie schließlich nicht mal mehr den Nachnamen. Aber an Ralph erinnerte sie sich gut. Er war ein schlaksiger, hübscher Barmann, der als Jugendlicher nach Deutschland gekommen war, die besten Cocktails der Stadt mixte und die schillerndsten Komplimente machte. Eine Zeitlang hatten sie sich regelmäßig getroffen. Als er jedoch zu anhänglich wurde und schließlich zu wortreichen Liebesmonologen anhob, in denen bedrohlich oft das Wort «Heirat» vorkam, wurde meiner Mutter die ganze Sache lästig.

Auf seinen letzten schmachtenden Brief hatte sie nicht mehr geantwortet. Ein paarmal hatte er sich noch seine rehbraune Nase sehnsuchtsvoll an der Scheibe ihres Plattenladens platt gedrückt, dann hatte er es aufgegeben. Die Affäre wäre wohl für immer in der Bedeutungslosigkeit versunken, hätte nicht der kleine Zwischenfall eines gemeinsamen Kindes die Karten neu gemischt.

Tatkräftig, wie meine Mutter war, erhob sie sich gleich am nächsten Morgen aus dem Bett, schlurfte zu dem riesigen weißen Wandtelefon auf dem Gang, ließ sich von der Auskunft seine Nummer geben, bekam Ralph an die Strippe und setzte ihn ohne Umschweife von seiner Vaterschaft in Kenntnis.

Als sie nach einer Woche mit ihrem Baby das Krankenhaus verließ, stand Ralph wie verabredet am Ausgang. Zielstrebig trat er auf sie zu, beugte sich über die Tragetasche, besah prüfend das dunkle, zerknautschte Köpfchen, befühlte das dichte schwarze Haar, sah sogar in die Ohren und nickte schließlich. Ja, es sei seines, ein echter indonesischer Spross. Er akzeptiere die Vaterschaft und sei bereit, Alimente zu zahlen, fünfzig Mark pro Monat, wenn sie ihrerseits versprach, niemandem von seiner Vaterschaft zu erzählen, insbesondere nicht seiner neuen, bezaubernden Verlobten.

So schnell, wie er gekommen war, verschwand er auch wieder und ließ meine Mutter allein. Immerhin zahlte er fortan mit angenehmer Zuverlässigkeit seine Alimente.

Eine Stunde später stand meine Mutter vor Frau Dönbergs Villa, hob die Tragetasche mit dem schlafenden Säugling über das schmiedeeiserne Gartentor, vorbei an den neugierigen

Blicken der benachbarten Witwen, die in den oberen Stockwerken hinter ihren Tüllgardinen hockten – meine Mutter hätte schwören können, eine hielt sogar ein Opernglas.

Der Anblick war empörend. Eine blonde Frau, fast noch ein Kind, ohne Mann, mit einem dunklen Baby – ein vielfacher Verstoß gegen Sitte und Moral. So was Aufregendes hatte es in Meerbusch-Büderich seit dem Einmarsch der Amerikaner im Jahr 1945 nicht mehr gegeben.

Frau Dönberg öffnete die Haustür, wie gewohnt in ihrem rosafarbenen Hauskleid, beugte sich über die Babytrage, richtete sich wieder auf, schlurfte in den Hausflur und holte ihre Brille, um das Unerwartete mit maximaler Sehkraft zu bestaunen.

«Jesses, Maria und Josef!», flüsterte sie, als stünde der morgenländische König Caspar leibhaftig vor ihrer Tür. Sie, Agathe Dönberg, hatte schon vieles erlebt, zwei Weltkriege, die Geburten ihrer vier Kinder und den plötzlichen Tod ihres geliebten Mannes, aber so was Verrücktes war ihr noch nicht untergekommen.

Die Alte wich einen Schritt zurück, hielt sich am Türrahmen fest, suchte nach ihrer gewohnten Contenance. Man sah, wie es in ihr arbeitete. Um die Abtreibung zu verhindern, hatte sie sich bereit erklärt, das Kind als weiteren Untermieter zu akzeptieren. Ein Kind, unehelich – und jetzt war es auch noch schwarz!

Und doch, versprochen war versprochen. Nie würde eine Dönberg ihr Ehrenwort brechen. Außerdem, was machte das noch, ihre Nachbarinnen tratschten ohnehin seit geraumer Zeit über das Lebemädchen, das sie bei sich wohnen ließ.

Nun, solange nicht auch noch der Vater des Kindes seine schwarzen Zehen über ihre Hausschwelle setzte, würde sie sich schon irgendwie damit arrangieren. Und alles war besser, als allein zu sein. Frau Dönberg sah sich vorsichtig um, ob eines der faltigen Klatschmäuler ringsum guckte, dann bat sie Mutter und Baby herein.

WILDE GERÜCHTE IN MEERBUSCH

Meine Mutter konnte nicht mehr im Plattenladen arbeiten, da es niemanden gab, der ihr Baby betreuen konnte. Stattdessen erledigte sie für ein Taschengeld und freies Logis Haushaltsarbeiten für Frau Dönberg. Abends leistete sie der Alten im «Salon» Gesellschaft, ließ ihre Geschichten eines einst glanzvollen Lebens über sich ergehen, während sie gemeinsam Patiencen legten oder Likörchen tranken.

Doch wann immer meine Mutter Zeit fand, schob sie den neuen Kinderwagen aus dunkelblauem Leinen mit seinen großen Speichenrädern durch die breiten, von knorrigen Eichen gesäumten Meerbuscher Alleen und pfiff versonnen Einschlaflieder oder Songs von Elvis vor sich hin.

Bei ihrer ersten Spazierfahrt kreuzte ein älteres Paar ihren Weg, riskierte einen Blick und stiefelte von dannen. Nach fünfzig Metern machten sie kehrt und gingen noch einmal an meiner Mutter vorbei, wobei sie deutlich interessierter in den Kinderwagen schielten als zwei Minuten zuvor.

Dunkelhäutige Menschen waren in den frühen sechziger Jahren hierzulande noch äußerst selten anzutreffen, vor allem in Meerbusch, diesem wohlhabenden, verschlafenen Rheinland-Städtchen, einer der reichsten Gegenden der ganzen Bundesrepublik. Alteingesessene Industriellenfamilien lebten hier und Millionäre mit sorgsam gepflegten Stammbäumen, die zurück bis zu Karl dem Großen reichen.

Farbige Menschen waren hingegen so selten, dass sich einmal eine Passantin sogar so dezent wie möglich bekreuzigte, als sie mich erblickte. Manch einer kam beinahe in den Kinderwagen hineingekrochen, um den putzigen Krauskopf von nahem zu betrachten.

Wochenlang wurden Bilder von mir bei «Foto Fritsche» im Schaufenster ausgestellt, thronten mittig zwischen blondlockigen Bräuten und pastellweißen Babys.

«Wie goldig», hauchten alte Damen mit Filzhüten und drückten ihre Nasen an der Fensterscheibe platt. War das putzige Ding da karamellfarben? Schokofarben? Oder doch haselnussbraun?

«Darf ich mal anfassen?», fragte einmal gar eine vorwitzige Fremde und streckte bereits ihre reichlich beringte Hand in Richtung meines Köpfchens aus. «Niemals! Ich käme doch auch nicht auf die Idee, Ihre Perücke zu betätscheln!», gab meine Mutter genervt zurück und blies den Rauch ihrer Zigarette in Richtung der Dame, die flugs pikiert weiterzog.

Es war in dieser ersten Zeit, dass meine Mutter sich schwor, ihr Baby gegen jeden Strohkopf zu verteidigen, von denen es ihrer Ansicht nach im Rheinland nur so wimmelte. Wer immer ihr kleines Mädchen beleidigen würde, der sollte ihre Krallen spüren, und das war angesichts von Mutters langen, spitz zugefeilten Fingernägeln kein Spaß. Sie hatte sich in ihrem jungen Leben schon oft durchgebissen, vor allem nach dem Tod ihrer Mutter – jetzt würde sie es eben für zwei tun.

Und ja, sie hatte ihr geliebtes Partyleben vorerst aufgeben müssen, aber sie hatte auch etwas hinzugewonnen, etwas Zuckersüßes, Lebendiges, Warmes, das ganz zu ihr gehörte. Wenn sie bislang auch noch nicht zu sagen vermochte, ob Letzteres Ersteres wirklich aufwog, fühlte sich doch die Existenz dieses Kindes gar nicht mal so schlecht an.

Und so wuchs mit jedem Stoßseufzer der Leute nicht nur

die Wut meiner Mutter, sondern auch ihr Stolz. Schon immer wollte sie anders sein. Jetzt war dieses exotische Baby ein Ausweis ihrer Andersartigkeit, ein Zeichen, dass sie anders leben wollte als alle anderen, auch wenn sie nur eine vage Ahnung hatte, wie dieses Leben aussehen sollte.

So putzig, wie die Leute mich als Baby fanden, so zweifelhaft, ja skandalös schien ihnen meine Entstehungsgeschichte. Denn wie dunkel erst der Herr Papa war, konnte man sich ausrechnen, und so rankten sich um die Vaterschaft bald die wildesten Gerüchte.

War er ein amerikanischer Soldat? Jeder hatte schon von deutschen Frauenzimmern gehört, die sich mit schwarzen Besatzungssoldaten eingelassen hatten. Aber in diesem Landstrich waren vor allem die Briten stationiert, und unter ihnen gab es so gut wie keine Schwarzen.

Oder war er ein Diplomat auf Durchreise? Gar ein afrikanischer Prinz? Auf jeden Fall ein Mann von «da unten», von der Südhalbkugel. Von deren Potenz und Sexualverhalten hatte man so allerlei gehört. Die waren eben näher am Urstadium des Menschen dran, waren in der Evolution noch nicht so weit vorn, da schlug das Tierische, Triebhafte noch durch – klar, dass die sich nicht zügeln konnten, enthemmt waren und nimmersatt, das wussten selbst sittsame rheinische Witwen, auch wenn niemand etwas Derartiges in Gegenwart meiner Mutter aussprach.

Nur ihre Friseurin Inge knuffte sie einmal, als sonst niemand im Laden war, in die Rippen: «Sag mal, stimmt das, was man sich so erzählt? Sind schwarze Männer wirklich so gut gebaut?», tuschelte sie mit glühenden Wangen.

«Ist eine Erfahrung wert», antwortete meine Mutter vielsagend.

EIN HAUFEN PROBLEME

Meine Mutter zog es mit dem Baby oft nach draußen, weil es ihr in der alten Villa bei Frau Dönberg immer unerträglicher wurde. Das immer gleiche Kartenspiel langweilte sie zu Tode. Wie eine eingesperrte Wildkatze hockte sie hier, sah nie etwas anderes als die vollgekleckerten Lätzchen ihrer mittlerweile einjährigen Tochter und das faltige Gesicht der alten Dame. Außerdem mischte sich die Alte entschieden zu oft in Erziehungsfragen ein, steckte in alles ihre blass gepuderte Nase.

Meiner Mutter fehlten Menschen, mit denen sie in ganzen Sätzen reden und lachen, denen sie ihre Sorgen erzählen konnte. Sie hatte ihre Tochter, aber dennoch fühlte sie sich einsam. Sie musste dringend unter Leute.

Eines Abends nach der Tagesschau folgte Frau Dönberg einer Duftspur aus Haarspray und fand meine Mutter vor dem Spiegel im Kellerflur, die sich pfeifend das Haar auftoupierte.

«Nanu, haben Sie etwas vor?»

«Tanzen gehen», nuschelte meine Mutter, eine Haarnadel zwischen den blutrot geschminkten Lippen.

«Ach. Und wer passt auf die Kleine auf?»

«Die schläft.»

«Und wenn sie aufwacht?»

«Dann schläft sie wieder ein.»

«Und wenn nicht?»

«Dann wäre es schön, wenn Sie ihr ein Lied singen», sagte

meine Mutter. ««Guten Abend, gute Nacht› hört sie am liebsten.»

«Ich soll nachts die Treppe runter?», erwiderte Frau Dönberg entrüstet. «Ich bin dreiundachtzig!»

«Das ist doch prima! Da haben Sie doch jede Menge Erfahrung, als Mutter und Großmutter», spottete meine Mutter, griff nach ihrem scharlachroten Mantel und verschwand in die Nacht.

Monate später nahm ein weiteres Problem Kontur an, in Gestalt des vermeintlichen Vaters, der plötzlich aus seiner Statistenrolle heraustrat. Stets hatte Ralph seine Alimente pünktlich gezahlt. Nie hatte er, zur Erleichterung meiner Mutter, irgendeinen Kontakt gesucht. Doch jetzt, ich war gerade zwei geworden, hatte sie ihn auf einmal an der Strippe, sodass ihr vor Schreck der Hörer fast aus der Hand fiel.

Seine Verlobung sei geplatzt, seine Bar pleite, er plane, nach Indonesien zurückzugehen, und wolle mich, seine Tochter, sein eigen Fleisch und Blut, noch einmal zu Gesicht bekommen.

Meine Mutter konnte ihm diesen bescheidenen Wunsch nicht abschlagen. Also kaufte sie mir ein rosafarbenes Kleidchen, band mir ein paar Schleifchen ins Haar, nuschelte etwas von einem «entfernten Freund», der mich kennenlernen wollte, und fuhr mit mir per Straßenbahn nach Düsseldorf.

Seit ich denken kann, liebe ich Straßenbahn fahren. Menschen, Häuser und Bäume am Fenster vorbeiziehen zu sehen war für mich schon als kleines Kind das Größte. Straßenbahnfahrten gehören zu meinen frühesten Erinnerungen, und auch an diese entscheidende Fahrt glaube ich mich noch schemenhaft zu erinnern, vervollständigt durch die Erzählungen meiner Mutter. Erinnerung und Erzählung ergänzten sich für

28

mich schon immer, flossen ineinander wie die Farben eines Aquarells.

Das große Wiedersehen fand in einem Café in der Düsseldorfer Altstadt statt. Im Schaufenster glitzerten riesige, farbenfrohe Sahnetorten und Obstkuchen. In dem übervollen Raum entdeckte meine Mutter Ralph und zog mich, die ich sehnsüchtig auf die Glastheke mit noch mehr bunten Torten spähte, hinter sich her. Auch Ralph hatte uns mittlerweile entdeckt. Wir setzten uns zu ihm an den Tisch.

Eine Weile starrte er mich wortlos an. Ich starrte zurück. Was wollte dieser Fremde? Warum betatschte er mein Haar, als wäre es ein Wollknäuel im Woolworth? Mein Haar, das sich in den letzten zwei Jahren mehr und mehr gelockt und schließlich zu einem wilden Afro gekräuselt hatte.

Aber ich hatte größere Sorgen. Ich war unentschlossen, ob ich eine Schokoladentorte oder einen Apfelkuchen wollte, schielte auf das Tortenbuffet. Gleichzeitig sah ich, dass der Mann ganz seltsam guckte.

Dann polterte er los: «Bei meiner Urgroßmutter in Sulawesi, niemals ist das mein Kind! Kein Indonesier hat solche Locken! Und sieh dir diese Nase an! Breit und rund wie eine Marzipankartoffel! Was hast du mir da untergejubelt? Denkst du, ich bin blöd?»

Böse sah er aus und wütend. Unruhig rutschte ich auf meinem Stuhl hin und her. Am liebsten wäre ich aus dem Café gelaufen. Nur die farbenfrohen Torten auf den Nachbartischen ließen mich hoffen, dass das Ganze noch ein gutes Ende nahm.

Plötzlich war es im Café ganz still. Neugierig ließen die Leute ihre Tortengabeln sinken, stellten das Plappern ein und warteten gespannt darauf, wie es weiterging.

Jetzt wurde auch meine Mutter zornig. Ihre Wangen glühten: «Spinnst du? Natürlich bist du der Vater! Bist du plötzlich zu geizig, die fünfzig Kröten pro Monat aufzutreiben, oder was? Außer dir kommt niemand in Frage. Was soll das überhaupt heißen – nicht der Vater? Du bist der Vater und damit basta!» Wutschnaubend wandte sie sich an die Leute am Nebentisch: «Dieser Mistkerl behauptet, er sei nicht der Vater meines Kindes!» Aus Angst, eine Stellungnahme abgeben zu müssen, starrte das weißhaarige Paar auf seine Tortenstücke, während Ralph wieder das Wort ergriff: «Wie konnte ich nur so blöd sein und die ganze Zeit zahlen! Ich will mein Geld zurück, verdammt noch mal!»

Alle Augenpaare waren jetzt auf meine Mutter gerichtet.

Sie hatte nur zwei Möglichkeiten: Entweder klein beigeben oder scharf kontern – und wer meiner Mutter je begegnet ist, weiß, welchen Weg sie wählte: «Also, diesen Mist höre ich mir nicht länger an!», gellte sie schrill. «Ich werde eines Tages meiner Tochter erzählen, was für ein Mistkerl ihr Vater ist – und sie wird dich noch in ihren Träumen hassen!»

Heute, fünfzig Jahre später, frage ich mich, was gewesen wäre, wenn Ralph die Vaterschaft nicht angezweifelt und mich bis ans Ende seines Lebens als seine Tochter akzeptiert hätte. Die Geschichte hätte einen anderen Verlauf genommen. Mein Leben wäre ein anderes geworden, und auch dieses Buch hätte ich niemals geschrieben. Danke für Ihren kritischen Blick, Ralph Tedjasukmana!

Meine Mutter griff nach meiner Hand und zog mich hinter sich her, um den Ort der Schmach so schnell wie möglich zu verlassen. Ich beeilte mich, ihrem strammen Schritt zu folgen, froh, dem Wüterich entkommen zu sein, aber auch betrübt, nicht den kleinsten Bissen Kuchen ergattert zu haben.

Auf der Heimfahrt in der Straßenbahn stieß meine Mutter Flüche aus, die ich nicht kannte. Hässliche, wortreiche Schimpftiraden brachen aus ihr hervor, wobei sie unter anderem den Herrn im Himmel bemühte, den Teufel persönlich und alle nichtsnutzigen Mannsbilder dieser Welt.

Und doch klang ihre Wutrede von Haltestelle zu Haltestelle immer weniger entschlossen. Der Groschen fiel auf dieser Fahrt vermutlich pfennigweise. Denn ja, das kam ihr erst jetzt wieder in den Sinn, da hatte es auch noch diesen Jamaikaner gegeben. Aber unmöglich, das war doch nur eine Nacht! Was heißt eine Nacht – eine Stunde! Sie erinnerte sich an hochkarätigen Rock'n'Roll, an sehr viel Bacardi Cola und nebelhaft an einen Hotelflur, sonst nichts. Nicht mal an seinen Namen.

Andererseits: Die Nase ihrer Tochter, so niedlich mit der flachen Nasenwurzel und den breiten Nasenflügeln, ähnelte der von Ralph tatsächlich nicht im Geringsten. Und genau betrachtet waren auch die Haare völlig anders. Sollte dieser Lump am Ende doch recht haben? Schließlich schob sie die Frage einfach beiseite. Das Leben war schon kompliziert genug.

Die Zahlung der Alimente stellte Ralph sofort ein. Mehr noch, eine Woche später flatterte ein Brief ins Haus. Ein Anwalt teilte meiner Mutter mit, sein Klient Ralph Tedjasukmana verlange seine fälschlich gezahlten Alimente zurück, D-Mark für D-Mark. Das Gerichtsverfahren sei bereits eingeleitet, um zu beweisen, dass sein Klient mit dem Zustandekommen des Kindes rein gar nichts zu tun hatte.

WOHIN, WEISS DER HIMMEL

Auch wenn sie darin geübt war, allzu große Sorgen einfach vom Tisch zu wischen, schien meiner Mutter ihre Lage mehr und mehr über den Kopf zu wachsen. Da war der aufziehende Alimente-Krieg und das plötzliche monatliche Haushaltsloch von fünfzig Mark. Da war außerdem der ausufernde Zwist mit Frau Dönberg, dieser wachsamen, sie permanent bemutternden Hausherrin, deren Gegenwart meine Mutter kaum noch ertrug. Diese verfluchte Abhängigkeit! Meine Mutter wollte frei und niemandem etwas schuldig sein, sie wollte endlich ein selbstbestimmtes Leben führen.

Eines späten Abends, nach einem heftigen Streit im «Salon», in dem es unter anderem um Art und Zeitpunkt der Sauberkeitserziehung bei Kleinkindern ging, weckte mich meine Mutter jäh aus dem Schlaf. Ihre Augen waren tränenverquollen und flatterten unruhig hin und her. «Nicht weinen», flüsterte sie mit bebender Stimme, «ich ziehe dir nur rasch deine Jacke über. Wir gehen weg. Wohin, weiß der Himmel!»

Sie steckte mich in den Kinderwagen, aus dem meine mittlerweile fast dreijährigen Beine längst herausbaumelten, stopfte eine Tasche voll Kleidung unten in die Ablagefläche, schob ihr ganzes Hab und Gut entschlossenen Schrittes durch Frau Dönbergs Vorgarten und hinaus auf die dunklen Alleen von Meerbusch.

Nun musste sie eine Entscheidung fällen. Wohin sollte sie

gehen? Zu ihrem Vater, der über alles und jeden schimpfte und der ihr schon immer so fremd und unangenehm gewesen war, dass sie sich oft gewünscht hatte, er wäre nicht ihr Vater? Niemals! Dann lieber drei Häuserblocks weiter zu ihrem Cousin Udo, zu dem sie jedoch kaum noch Kontakt hatte.

Einen Sohn hatte er und eine missmutige Frau namens Gisela, die unter ihrem Haarnetz, durch das Lockenwickler hindurchschimmerten, eine lange Miene zog, als sie meine Mutter und mich, sterbensmüde und verzweifelt lächelnd, nach Mitternacht vor ihrer Tür stehen sah. Aufgrund des guten Zuredens ihres Mannes ließ Gisela uns in der Wäschekammer schlafen, machte aber deutlich, dass wir ihre Großzügigkeit nicht überstrapazieren sollten: Spätestens nach sechs Wochen hätten wir wieder zu verschwinden.

Eine sechs Quadratmeter große Wäschekammer als Bleibe und nichts als hundertfünfzig Mark in der Tasche, tiefer konnte man nach Ansicht meiner Mutter nicht sinken. Sechs Wochen blieben ihr, um ihr Leben wieder in den Griff zu bekommen. Am dringendsten brauchte sie ein neues Dach über dem Kopf. Aber wer gab einer alleinstehenden Frau ohne Job eine Wohnung? Wäre es besser, erst eine Arbeit zu finden? Aber wer passte dann auf mich auf? Oder sollte sie doch wieder bei Frau Dönberg angekrochen kommen?

So intensiv sie in den nächsten Tagen auch grübelte und bei der Vorstellung innerlich stöhnte, die einzige Lösung schien, sich mit einem halbwegs passablen, alltagstauglichen Mann zusammenzutun, ja, ihn vielleicht sogar zu *heiraten*, um sich und ihr Kind vor der Straße zu bewahren. Ehe oder Obdachlosigkeit, das waren die Optionen, mehr Wege schien es nicht zu geben.

Heiraten, raunte da eine aufmüpfige Stimme in ihr, das ta-

33

ten ihre lammfrommen ehemaligen Mitschülerinnen, sie aber wollte doch frei sein!

Pah, Freiheit, spottete eine andere Stimme in ihrem Kopf, die hatte sie doch längst im Kreißsaal abgegeben! Wie selten hatte sie in den letzten drei Jahren einen Freund getroffen, wie selten einmal geflirtet.

Ihre eigene Mutter, eine in lebenspraktischen Dingen bewanderte Norddeutsche, hatte ihr mit ihrer sanften, gleichmütigen Stimme immer gesagt: «Min Deern. Man gewöhnt sich an fast alles.» Vielleicht sogar an einen Ehemann?

Doch ein Problem zog das nächste nach sich: Welcher Mann hatte ein Leben, das geordnet und abgesichert genug war, um ihres und das ihrer Tochter gleich mit zu ordnen und abzusichern?

Der erste Schritt war, einen geeigneten Kerl zu finden. Schritt zwei, ihn zu erobern, schien dann das kleinere Problem. Denn um eine Frau wie sie zu bekommen, würde ein Mann auch zusätzlich zu einem dunkelhäutigen Kind noch eineiige Zwillinge und ein Kapuzineräffchen in Kauf nehmen. Meine Mutter wusste um ihre Wirkung. Sie ließ sich niemals ganz besitzen, schien immer auf dem Sprung und band dadurch die Männer reihenweise an sich.

Wer kam in Frage? Unser Friseur war in uns beide vernarrt und wollte uns ständig die Haare umsonst schneiden – aber der ging gar nicht. Er reichte Mutter nur bis zur Schulter, und sein Dackelblick bescherte ihr eine Gänsehaut. Oder der Sohn der Nachbarn ihres Cousins? Er kam verdächtig oft gerade dann aus dem Haus, wenn auch sie auf die Straße ging. Er sah gut aus, war Anfang zwanzig, wohnte aber noch bei seinen Eltern. Nein, der fiel auch weg.

Plötzlich kam ihr die zündende Idee: Hans, Inhaber von «Lebensmittel Lüdemann»! Fünfundzwanzig Jahre alt, alleinstehend, flirtete er mit ihr, wann immer sie auf ihren langen Spaziergängen in seinem kleinen Laden einkehrte. Dann warf er ihr aus seinen wasserblauen Augen ein paar feurige Blicke zu und sagte: «Na, schöne Maid? Was darf's heute sein? Wie immer zwei Schachteln HB und dreimal Grießbrei? Und fürs Töchterchen vielleicht noch einen Lolli aufs Haus?» Und wenn er sie auf der Straße antraf, pfiff er ihr so gellend hinterher, dass es noch durch die nächsten drei Häuserblocks hallte.

Nun ja, der Mann ihrer Träume war Hans nicht, er sah nicht gerade aus wie Elvis, hörte schnulzige Schlager, und seine Komplimente waren von vorgestern, aber doch war sein Erscheinungsbild ganz annehmbar, mit seinem leicht gewellten blonden Haar, seinem akkuraten Seitenscheitel und seinen breiten Schultern.

Dieser Mann strahlte Autorität aus, hatte etwas Zupackendes, Verlässliches, und genau das brauchte sie jetzt ganz dringend, um ihr Leben in geordnete Bahnen zu lenken. Und kinderlieb war er auch, das bewiesen ja die Lollis, die er Jutta immer mit einem flüchtigen Lächeln überreichte.

Sie musste zugreifen, so schnell wie möglich. Erst neulich hatte sie durchs Schaufenster gesehen, wie er einer anderen Kundin dieselben lodernden Blicke zuwarf.

Kurz entschlossen legte meine Mutter tiefroten Lippenstift auf, schlüpfte in ihre Pumps, nahm links meine Hand, rechts einen Einkaufsbeutel und beschloss, jetzt sofort und ganz dringend ein paar Dosen Erbsen zu besorgen.

Nach zwei Stunden kehrten wir wieder zurück, diesmal jedoch mit Hans an der Seite, der selig lächelnd Mutters Einkäufe trug. Ich schlurfte hinter den beiden turtelnden Großen her und lutschte zufrieden an meinem knallbunten Lolli, dem größten, den es bei «Lebensmittel Lüdemann» gab. Nachdem Hans die Tüten auf dem Küchentisch abgestellt hatte, räusperte er sich etwas verlegen, und als er meine Mutter fragte, ob sie am Abend mit ihm Tanzen gehen wolle, überlegte sie nicht zweimal.

Es war das erste echte Rendezvous meiner Mutter seit zweieinhalb Jahren. Es war ein Abend von großer Bedeutung, ein Abend, der vielleicht über ihr ganzes weiteres Leben entschied. Aufgeregt malte sie sich einen Lidstrich, so hektisch, dass die dicke schwarze Linie immer wieder verrutschte. Ihre hellblond gebleichten Haare waren kunstvoll auftoupiert. Ihr knielanges himmelblaues Kleid mit dem weit ausgestellten Rock raschelte im Wohnungsflur ihres Cousins bei jedem hektischen Schritt.

Reizend, aber nicht aufreizend, das war die Devise des Abends. Dieser ordentliche Kaufmann schien fürs allzu Extravagante nichts übrigzuhaben.

Doch auch Hans hatte sich nicht lumpen lassen, wie man sah, als er Punkt acht Uhr abends in der Tür stand. Sein blond gelocktes Haar war mit Pomade nach hinten gekämmt. In seinem hellgrauen Anzug und mit modisch schmaler Krawatte sah er beinahe gut aus, das fand sogar ich, die ich neugierig in der Garderobe stand.

Durch das Küchenfenster winkte ich den beiden nach, bis Hans' strahlend polierter Peugeot im Dämmerlicht verschwand.

Als meine Mutter im Morgengrauen zu mir auf die Matratze kroch, roch sie nach Wein und Zigaretten. Sie murmelte, Hans sei ein passabler Tänzer, was Schlager anging, doch von Rock 'n' Roll und Jazz verstünde er gar nichts. Insgesamt sei er aber ein recht lieber Kerl. Dann lag sie noch eine Weile wach, als dachte sie gründlich über etwas nach.

Nun ja, war es wirklich das, was sie wollte? Meine Mutter versuchte, sich vorzustellen, wie sich Hans Lüdemann nach der Tagesschau die Pomade aus dem Haar wusch. Wie wacker er den letzten Rest Zahnpasta aus der Tube drückte. Wie er im Schlafanzug aussah. Vermutlich machte er selbst darin noch eine passable Figur. Verliebt war sie nicht, aber auch nicht abgestoßen, und in zwei Wochen musste sie aus dieser verfluchten Wäschekammer ausziehen ...

Und so wurden meine Mutter und Hans ein Paar.

EIN NEUES ZUHAUSE

Statt nach sechs zogen wir schon nach fünfeinhalb Wochen aus der Wäschekammer aus, was meine Mutter stolz und erhobenen Hauptes der Frau ihres Cousins verkündete.

Auf der Straße wartete Hans bereits mit seiner geräumigen Peugeot-Limousine. Ich hockte auf der Rückbank zwischen leeren Obstkisten, die süßlich nach Bananen rochen, und spähte aus dem Fenster, als wir durch Meerbusch fuhren und dann aus der Stadt hinaus, bis wir irgendwann in den Osterather Weg einbogen, in dem Hans' Wohnung lag.

Das war nicht mehr Büderich mit seinen riesigen Villen und breiten Alleen. Hier war alles viel kleiner, richtig dörflich, die Straßen enger und die Wege, die Hans Feldwege nannte, teilweise nicht asphaltiert. Die Mietshäuser waren schmaler, und statt alter Damen und streng aussehender Herren gab es unzählige Kinder, die überall auf der Straße spielten. Wir hielten vor einem roten Backsteinhaus, und ich kletterte über den Vordersitz hinter meiner Mutter her aus dem Auto.

Springseile stoppten, Malkreide hielt mitten im Strich inne, und Dutzende Augenpaare schauten uns hinterher, als wir, bepackt mit unseren paar Habseligkeiten, die Straße überquerten. Ich trug meinen kleinen roten Lackkoffer und hatte mir meinen Stoffteddy fest unter den Arm geklemmt. Meine andere Hand schob ich in die Hand meiner Mutter. Feierlich trug Hans unsere Reisetasche durch die Haustür.

«Ach, Besuch?», fing uns ein älterer Herr ab, der im Erdgeschoss wohnte.

«Nein», erklärte Hans, «dat is Helga Nielsen, meine Verlobte! Und dat da», er zeigte auf mich, «is Jutta.»

«Frau und Kind, auf einen Schlach. Sieh an! So schnell geht dat manchmal», murmelte der Mann, als wir in den ersten Stock hinaufstiefelten. Dort blitzte, durch eine angelehnte Wohnungstür, ein rothaariger Kinderkopf. Hans winkte uns jedoch in die Wohnung gegenüber.

«Immer hereinspaziert!», rief er und führte uns stolz durch sein Reich. Das Wohnzimmer faszinierte mich auf Anhieb. Ich bestaunte die beigefarbene Polstergarnitur und den grünen Marmortisch mit dem gedrechselten Eichenfuß, der unten in vier Löwentatzen überging, vor allem aber den großen Marmor-Aschenbecher, der majestätisch auf dem Tisch thronte und mich magisch anzog. In der Mitte hatte er einen Stab, auf den man nur drücken musste, und schon verschwand die Asche in seinem geheimnisvollen Schlund.

Zwar war die Villa Dönberg viel schicker gewesen mit dem funkelnden Kronleuchter und den dunkelroten Samtvorhängen. Doch nichts hatte dort uns gehört, das hatte meine Mutter mir immer vermittelt.

Das Schlafzimmer war kalt und bis auf ein Bett und einen Schrank vollkommen leer. Ich dachte gerade daran, dass das Bett für uns drei ganz schön schmal war, als Hans uns in ein weiteres kleines Zimmer führte. Ich betrachtete das frischgemachte Bett und ahnte Schreckliches: Sollte ich hier etwa alleine ohne meine Mama schlafen, neben der ich bisher jede Nacht meines dreijährigen Lebens verbracht hatte?

Sie saß im Wohnzimmer und rauchte. Still schob ich mich auf ihren Schoß.

«Essen fassen», rief Hans, «sonst wird der beste Brathering

der Stadt kalt!» Fisch und Bratkartoffeln aß er nur mit Gabel, ohne Messer, schmatzte genüsslich und griff über den Tisch immer wieder nach der Hand meiner Mutter. Obwohl ich Hunger hatte, konnte ich kaum einen Bissen hinunterbringen. Wie sollte ich nur die Nacht überstehen, alleine in einem fremden Zimmer?

Nachdem meine Mutter mich in meinen Frottéschlafanzug gesteckt hatte, wurde meine Befürchtung zur nüchternen Gewissheit. Sie führte mich in das kleine Zimmer, legte mich in das viel zu große Bett und deckte mich bis zur Nasenspitze zu.

«Schlaf gut und denk dran: Was du in der ersten Nacht träumst, wird wahr werden!» Das beruhigte mich nicht, denn ich war mir sicher, dass ich Albträume haben würde. «Ich weiß, dass das alles hier ungewohnt für dich ist», sagte sie im Flüsterton, «aber glaub mir, hier wird es uns gutgehen. Du, Hans und ich, wir sind jetzt eine richtige Familie!»

SEILCHENSPRUNG UND HINKEKÄSTCHEN

Am nächsten Morgen stand ich minutenlang vor der verschlossenen Tür von Hans' Schlafzimmer, das jetzt plötzlich das Schlafzimmer von Hans und meiner Mutter war, und traute mich nicht hineinzugehen. Stattdessen spielte ich im Wohnzimmer mit dem magischen Aschenbecher, ließ ihn hoch- und runterschnappen, bis meine Mutter lächelnd in ihrem neuen Bademantel aus dem Schlafzimmer kam.

Nach dem Frühstück zog Hans seinen schneeweißen Kittel über, auf dessen Aufnäher «Inh. Hans Lüdemann» stand, beugte sich zu meiner Mutter und schmatzte ihr einen Kuss auf die Lippen. Dann bewegte sich sein Kopf in meine Richtung, kam bedrohlich nahe.

Schnell sagte ich: «Tschüss, Onkel Hans!», und winkte ihm auf Armeslänge zu.

Als er zum Großmarkt aufgebrochen war, ging Mutter noch einmal durch alle Zimmer, so vorsichtig, als fürchtete sie, dass jeden Moment Frau Dönberg, ihr lauthals meckernder Vater oder die zeternde Gattin ihres Cousins aus einem Schrank gesprungen kam. Als das jedoch nicht geschah, beruhigte sie sich, setzte sich aufs Sofa, legte die Beine hoch, zündete sich eine Zigarette an und lächelte mich an.

«Da wären wir, was? Nun ja, noch ist das hier eine richtige Junggesellenbude», sagte sie und zupfte mit spitzen Fingern an der rauchvergilbten Gardine neben ihr, «aber das biegen wir uns schon noch zurecht.»

Tatkräftig, wie sie war, begann sie gleich, unsere zerknitterte Umzugswäsche zu bügeln, pfiff dabei «In the Ghetto» von Elvis und sagte, ich solle ruhig auf die Straße gehen und mir ein paar Spielkameraden suchen.

Lieber hätte ich meiner Mutter beim Bügeln zugeschaut, doch irgendwie war ich auch neugierig, also lief ich runter.

Auf dem Feldweg vor unserem Haus umringten mich sofort drei Jungs. Ich sah zu ihnen auf. Sie waren größer als ich, unendlich viel größer, wie es mir in diesem Augenblick erschien. Einer hatte offene Schnürsenkel, der zweite verschieden geringelte Kniestrümpfe und der dritte eine Zahnlücke, durch die er seine Zungenspitze steckte.

«Sieh mal einer an! Wer bist denn du?», fragte der erste.

«Darf ich mal anfassen?», grinste der zweite, und seine dreckigen Fingernägel näherten sich bedrohlich meinem Kopf. Wie angewurzelt stand ich da und brachte kein einziges Wort heraus.

«Jetzt sag schon, wer bist du? Bist du stumm, oder was?», rief der dritte und spuckte neben mir auf den Gehweg.

«Das ist Jutta, ihr Blödköppe! Sie wohnt jetzt hier. Auf meiner Etage. Kapiert?»

Ich drehte mich um. Hinter mir stand das rothaarige Mädchen, das ich am Tag zuvor durch den Türspalt gesehen hatte. Das Mädchen war etwas größer als ich, trug eine Brille und zwei Rattenschwänze – eine Pippi Langstrumpf mit Brille – und funkelte die Jungs so böse an, dass die murrend verschwanden.

«Vergiss die Angeber. Ich bin Maria», sagte sie.

Wer ich war, brauchte ich meiner neuen Nachbarin ja wohl nicht mehr zu sagen.

Dann kam noch ein Kind und dann noch zwei, immer mehr, bis sie einen Kreis um mich gebildet hatten. Ich starrte in zahnlückige Münder, bestaunte Sommersprossen, Grübchen und Schrammen. So viele Kinder auf einmal hatte ich noch nie gesehen. Von allen Seiten prasselten Fragen auf mich ein.

«Bist du hier zu Besuch?»

«Wo wohnst du?»

«Woher kommst du?»

«Kann ich mal deine Haare anfassen?»

«Wie viele Murmeln hast du?»

Immer noch stand ich nur stumm da.

«Das ist Jutta», sprang Maria wieder für mich in die Bresche, «sie wohnt jetzt auf meiner Etage, ihre Mutter wird Hans Lüdemann heiraten, und Murmeln hat sie ...» Sie beugte sich zu mir herunter und flüsterte: «Wie viele Murmeln hast du?»

«Keine», flüsterte ich schüchtern zurück.

«Und Murmeln hat sie keine», sagte Maria laut, dann wandte sie sich wieder an mich: «Echt jetzt? Keine Murmeln?»

Einem Jungen, der gerade in meine Haare fassen wollte, haute Maria wütend auf den Handrücken. «Mann, wir sind hier doch nicht im Streichelzoo! Schluss jetzt! Wir spielen was. Jutta, kannst du seilspringen?»

Ich zuckte die Schultern. Seilspringen hatte ich noch nie probiert.

«Magst du Hinkekästchen?»

«Was ist Hinkekästchen?», fragte ich zurück.

«Ich seh schon», seufzte Maria, «du hast echt keine Ahnung. Aber das kriegen wir schon noch hin.»

Eine Aufregung war in mir, aber eine schöne. Schon lange hatte ich mich danach gesehnt, mit anderen Kindern zu spielen, wenn ich sie durch Gartenzäune oder im Kaufhaus sah. Jetzt gab es sie hier in Hülle und Fülle. Im Laufe des Vormittags kamen immer mehr von irgendwoher aus ihren Löchern gekrochen.

43

Als ich mit Maria zurück zu unserem Haus ging und alle anderen schon beim Mittagessen waren, sagte sie: «Ähm, also ... darf ich denn mal deine Haare anfassen? Dann bist du auch meine Freundin.»

Ich nickte, und beherzt griff sie mit beiden Händen in meinen Afroschopf. «Mann, irre, wie sich das anfühlt», sagte sie, «viel flauschiger als meine!»

Als wir ins Haus gingen, stand wieder der Mann aus dem Erdgeschoss in seiner Tür. «Sieh an, sieh an», sagte er, als ich an ihm vorbei nach oben lief. «Ihr seid also die Neuen, du und die ... sie ist doch deine Mutti?»

«Ja», sagte ich, auch wenn ich seine Frage nicht verstand.

«Du bist nicht von hier, oder?», sagte seine Frau, die mit Lockenwicklern im Haar plötzlich neben ihm im Türrahmen auftauchte.

«Nein, ich bin nicht von hier», antwortete ich brav. «Ich komme aus Meerbusch-Büderich.»

Da lachten beide so schallend, dass die Frau nach Atem japste und ihr Mann sich am Türrahmen festhielt.

«Nein, sieh mal an! Von so weit her, was?», prustete er los. «Das hätt ich ja gar nicht gedacht!»

Ich hatte keinen blassen Schimmer, worüber sie lachten, aber sie sahen harmlos und freundlich aus mit ihren runden roten Gesichtern, also lachte ich mit.

Am Abend, als ich wieder allein im Bett lag, das sich jedoch schon nicht mehr ganz so fremd anfühlte, betastete ich mein Haar. Natürlich wusste ich, wie es sich anfühlte, aber als ich jetzt, in diesem Augenblick, tief hineingriff, fiel es mir zum ersten Mal richtig auf. Ja, flauschig war es wirklich, dicht und flauschig, ganz anders als das der anderen. Mit diesem Gedanken schlief ich zufrieden ein.

EINE RICHTIGE FAMILIE

Man kann meinem Stiefvater im Nachhinein vieles ankreiden. Er war kein ideales Familienoberhaupt, als Vorbild in vielerlei Hinsicht untauglich und beileibe kein Ruhepol, wie meine Mutter gehofft hatte. Was ich ihm aber zugutehalten muss, ist, dass er meine Existenz immer klaglos akzeptiert hat. Vielleicht war der Grund die flammende Liebe zu meiner Mutter.

Ja, er hatte sie bekommen, dieses Prachtweib, diesen rasanten Feger, wie er sie manchmal nannte, und er hätte sie auch mit einem Rudel barfüßiger Zigeunerkinder genommen, so viel war sicher. Eine Sichtweise, die für meine Mutter übrigens selbstverständlich war. Sollte dieser Mann doch froh sein: Er hatte nicht nur sie, sondern auch noch ohne sein Zutun eine niedliche dreijährige Tochter bekommen – quasi als Extrabeigabe, hörte ich sie später einmal zu einer Nachbarin sagen.

Vielleicht fand mich Hans auch einfach putzig, mit meinem breiten Lächeln und den großen dunklen Augen, wenn ich auf seinen Schoß kroch, wozu ich mich mit den Monaten durchringen konnte, einfach weil sein Rasierwasser so gut nach Holz und frischer Luft roch oder um ihm zwei Lollis aus seinem Laden abzuschmeicheln, einen für mich und einen für meine neue Freundin Maria.

Ob ihn mein exotisches Aussehen je beschäftigt hat, kann ich nicht sagen – er hat es niemals thematisiert, ja, vielmehr komplett totgeschwiegen. Heute glaube ich, es war für ihn der einzige Weg, mit der Situation umzugehen.

Ich erinnere mich, dass er mich ein paar Monate nach unserem Einzug zum Kaufhaus mitnahm, um mir einen Sonnenhut zu kaufen.

«Einen Sonnenhut? Braucht das Kind doch nicht. Bei dem Hauttyp!», erklärte die Verkäuferin.

«Ob dat Kind en Sonnenhut braucht oder nich, dat bestimm ich, verstanden?», knurrte Hans und baute sich vor ihr auf, sodass die Verkäuferin ihm hastig ein geblümtes Mützchen reichte, welches ich aber energisch ablehnte. Ich wollte eine dunkelblaue Schirmkappe. Die Verkäuferin setzte gerade dazu an, mir klarmachen zu wollen, dass so eine Kappe für Jungens sei, als sie den alles vernichtenden Blick meines Stiefvaters auffing. Sofort packte sie die Mütze ein und schenkte mir noch ein Sandförmchen dazu.

Jede Frage seine eigene Vaterschaft oder meinen biologischen Vater betreffend würgte Hans so schroff ab, dass sich nach wenigen Wochen keiner mehr zu fragen traute. Dass Hans die Leute in ihre Grenzen weisen konnte, lag vermutlich daran, dass er der Lebensmittelhändler des Dorfes war und damit eine angesehene Person, eine lokale Autorität. Jeder Nachbar konnte sehen, wie hart er arbeitete und wie ordentlich er seinen Laden führte – da konnte man wegen ein paar Verwirrungen im Familienleben schon einmal ein Auge zudrücken.

Zumindest in den Anfangsjahren mochte ich meinen Stiefvater, seine ungelenke Art, mir seine Zuneigung zu zeigen, und den verlässlichen Rhythmus, den er unseren Tagen gab. Zwar blieb er mir immer ein wenig fremd, und schon der Gedanke an einen Gutenachtkuss von ihm bescherte mir eine Gänsehaut, aber er hatte Ordnung in unser Leben gebracht, eine Wohnung, einen Fernseher und einen Laden voller Köstlichkeiten. Vor allem aber machte er eine richtige Familie aus uns und meine Mutter fröhlicher und entspannter. Und wenn meine Mutter fröhlich und entspannt war, dann war ich es auch.

Eine «richtige Familie», das war Mutters neues Lebensideal, und dafür war sie bereit, die Rolle der umsorgenden Hausfrau voll auszufüllen. Sie legte Hans morgens die Kleidung heraus, kümmerte sich um alle Mahlzeiten und deckte liebevoll den Tisch. Sie schlug die Betten auf, um sie nach dem Lüften so ordentlich zu machen, als sei unsere Wohnung ein Hotel. Sie putzte und bügelte, und wenn sie sich etwas gönnen wollte, setzte sie sich unter ihre neue Trockenhaube und lackierte ihre perfekt gefeilten Nägel. Sie nahm unser neues Leben so selbstverständlich an, dass auch ich nach wenigen Wochen das Gefühl hatte, es sei nie anders gewesen.

Aus heutiger Sicht erstaunt es mich, wie schnell sie sich in die Rolle der perfekten Hausfrau fügte, andererseits passte es auch zu ihr, denn alles, was sie machte, tat sie zu mehr als einhundert Prozent. Egal, ob es ums Feiern, Flirten, Tanzen, Fluchen oder eben jetzt darum ging, mit Essigessenz und Zahnbürste die Toilette zu schrubben. So leidenschaftlich sie sich bisher über Rock 'n' Roll ausgelassen hatte, so eifrig konnte sie jetzt darüber dozieren, dass nur ein Wischlappen aus echtem Leder das Wahre sei, um die Fliesen streifenfrei zu halten.

Zu der romantischen Familienvorstellung meiner Mutter gehörte auch die passende Einrichtung: In den sechziger Jahren bestellte man sich ein Schlafzimmer, was bedeutete, dass man sich eine komplette Einrichtung mit Schrank, Bett, Kommode, Schminktisch und Spiegeln aussuchte. Das Schlafzimmer, das Hans auf ihr Drängen hin zu einem «sündhaft teuren Preis» bestellt hatte, veranschaulichte ihre neue Sehnsucht gut.

Es war ein Prinzessinnenschlafzimmer: Sämtliche Möbelstücke waren weiß und mit Goldrand verziert, Schrank und Kommode hatten goldene Griffe. Eigentlich war die Einrichtung viel zu groß und wuchtig für diesen kleinen Raum, aber meine Mutter machte sie glücklich und stolz. Gerne saß sie versonnen auf dem Stuhl vor dem Schminktisch und bestaunte mit einem Lächeln jedes Detail des Raumes, oder sie durchkreuzte das Zimmer mit Staubtuch und Wedel, um alles picobello zu halten.

So wurde meine Mutter das, was sie eigentlich nie werden wollte: eine richtige Hausfrau.

Wenngleich sie sich ein paar persönliche Extravaganzen herausnahm. Vor allem in ihrem Aussehen unterschied sie sich von allen anderen Müttern. Zwar war die Zeit der karierten Kittelschürzen vorbei, und viele Hausfrauen machten sich in den sechziger Jahren gern schick, aber niemand machte sich so schick wie meine Mutter. Andere Mütter trugen hübsche Sandaletten. Meine Mutter trug Highheels, sogar beim Brötchenholen und Müllraustragen. Andere Mütter besprühten ihre frischgeföhnte Frisur mit Haarspray. Meine Mutter toupierte sich das Haar, bis ihr gesamtes Hinterhaupt aus einem wohlgeformten, voluminösen Helm aus wasserstoffblondem Haar bestand.

Auch ihr Hochzeitskleid war sehr besonders. Zu einem superkurzen, hautengen Etuikleid trug sie schwarze Highheels, sodass sogar der Standesbeamte auf ihre Beine schielte, wie sie später stolz erzählte.

Die Trauung fand im allerengsten Kreis statt: nur meine Mutter, Hans und sein Vater, ein gutmütiger alter Herr, der ein paar Straßen weiter wohnte. Selbst ich durfte nicht dabei sein, da Hans der Meinung war, das sei ungerecht gegenüber eventuell nachfolgenden Geschwistern. Hans' Kneipenkollegen hatten Blechdosen an seinen himmelblauen Peugeot gebunden, die lustig schepperten, als wir darin nach Hause fuhren, nachdem sie mich bei dem Cousin meiner Mutter wieder eingesammelt hatten.

Meine Mutter war in vielerlei Hinsicht unkonventionell, was sich auch nicht änderte, nachdem sie eine Mutter und verheiratete Hausfrau geworden war. Sobald Hans das Haus verlassen hatte, legte sie eine Schallplatte auf, drehte die Musik fast bis zum Anschlag auf und machte sich laut singend und tanzend an die Hausarbeit.

«Nun regen Sie sich mal ab», erklärte meine Mutter in der Wohnungstür, wenn Frau Mischke von unten mit Lockenwicklern in der Tür stand und sich über die dröhnende «Hottentottenmusik» beschwerte, «und schauen Sie erst mal, dass Ihr Hund nicht so laut bellt! Und wenn ich Ihnen dann noch einen Tipp geben darf: Hören Sie hin! Hören Sie ganz genau hin! *Das* ist Musik! Dagegen kann Ihr Peter Alexander einpacken!»

Zu gern wollte meine Mutter, dass auch ich mich in der neuen Konstellation ganz zu Hause fühlte und dass für mich aus dem Onkel ein Vater wurde.

Eines Abends, als ich frisch gebadet mit den beiden vor dem Fernseher saß und «Onkel Hans» um die Salzstangen bat, sprach sie es an: « Ach, sag doch ruhig Papa zu Hans, Juschilein!»

«Ich habe wirklich nichts dagegen, wenn du Papa sagst», bekräftigte Hans und lächelte mich verlegen an.

«Ja, also ... kann ich bitte die Salzstangen haben?», nuschelte ich und sah auf meine Socken. «Papa» brachte ich bislang einfach nicht über die Lippen. Wie «Papa» fühlte es sich einfach nicht an.

Maria hatte einen Vater, den ich mochte, weil er lustige

49

Witze machte, wunderbar schielen konnte, sich die schönsten Einschlafgeschichten ausdachte und der haargenau die gleichen großen hellgrünen Augen hatte wie sie. Von so einem Vater träumte ich auch.

«Glaub mir, so toll ist er auch nicht», sagte Maria einmal, als wir draußen am Rand des Maisfeldes saßen. «Und die», sie zeigte auf die Lollis in unserer Hand, «spendiert uns auch nur dein Papa!»

«Papa? Ich dachte, Hans ist Juttas Onkel?», klinkte sich ein anderes Nachbarsmädchen, das gerade vorbeikam, neugierig ins Gespräch ein.

«Nein. Doch! Ach, weiß auch nicht», brummte ich und brachte das Gespräch schnell auf etwas anderes, da ich es selbst nicht genau wusste und von meiner Mutter keine eindeutige Antwort bekam. Stets wand sie sich mit einem «Jetzt ist eben Hans dein Papa» heraus und wechselte rasch das Thema.

Ich wusste nicht so recht, was ich von der ganzen Vatersache halten sollte. Bisher hatte mir meine Mutter immer gereicht, aber schließlich hatten ja alle einen Vater – vielleicht war es dann einfacher, auch einen zu haben.

DER STAMMKUNDE IST KÖNIG

Am liebsten mochte ich an Hans seinen Laden. «Lebensmittel Lüdemann» war sein ganzer Stolz. Für mich als Kind war der Laden riesengroß, war eine komplett eigene Welt mit einer ganz exakten Ordnung. Man trat durch eine Glastür ein und kam in einen Gang, der beiderseits von Regalen gesäumt war.

Gleich hinter den Grundnahrungsmitteln wie Zucker und Mehl befanden sich die vielen verheißungsvollen Produkte für die moderne Hausfrau: Instant-Kaffee und Kartoffelpüree aus der Tüte, Gemüse und Obst aus der Dose. Begehrt waren auch die Fertiggerichte, die die hinteren Regalmeter füllten, ob Ravioli in Tomatensoße, Königsberger Klopse oder Corned Beef.

Jede Generation will besser, wahrhaftiger, sinnvoller leben als die vorangegangene, und die Erfinder der schnellen Küche schienen erkannt zu haben, dass die Töchter der Trümmerfrauen und Kriegswitwen ganz anders leben wollten als ihre Mütter. Hatten diese noch viele Stunden des Vormittags mit dem mühevollen Putzen von Bohnen, Pulen von Erbsen oder Hacken von Weißkohl für Sauerkraut verbracht, konnte die moderne Hausfrau jetzt im Handumdrehen ein paar Dosen öffnen. Die Segnungen der Elektroindustrie galten als heilig, von der Spülmaschine über den Elektromixer, von der Heißmangel bis hin zur unentbehrlich erscheinenden Trockenhaube. Diese Wunder der Technik erlaubten, mit großer

Zeitersparnis, lackierten Fingernägeln und toupierten Haaren entspannt die perfekte Hausfrau zu sein. So machten es zig verschiedene Fernsehwerbungen vor, und die Hausfrauen machten es nach.

Ganz am Ende des Ganges von Hans' Laden befand sich die große Fleisch- und Käsetheke, in der verschiedene Fleischsorten und Innereien in Schalen sowie Wurst und Käse auf großen Platten ordentlich drapiert waren. Die Runde im Laden führte weiter an den Tiefkühltruhen vorbei und mündete unaufhaltsam in die Süßwarenabteilung, den Bereich, der mir bei meinen Freunden neidvolle Bewunderung einbrachte.

Auf ihr Bitten und Betteln hin steckte ich mir eines Nachmittags ein Dutzend Schokoriegel, Bonbons und Gummibärchen in die Taschen meiner Latzhose und belud mich noch mit Keksen und Kräckern. So viel wie möglich stopfte ich in meine Hosentaschen. Ich liebte Latzhosen, vor allem in Froschgrün, mit möglichst vielen Taschen, in denen ich alles verstaute, was mir irgendwie nützlich sein könnte: Kaugummis, Schreibblock und Bleistift, Gummibänder und Heftpflaster.

Als ich mit all den Leckereien unauffällig das Geschäft verlassen wollte, spürte ich an meiner Schulter eine fest zupackende Hand. «Jutta, sach ma, was wird das?!»

Kein Kunde war im Laden. Hans packte mich an beiden Schultern, schüttelte mich. So böse hatte ich ihn noch nie erlebt. «Hör mal, wir leben davon, dass wir den Kram verkaufen! Wenn du was möchtest, musst du fragen, verstanden?» Ich musste alle Süßigkeiten wieder in die Regale zurückräumen, an ihre exakte Position.

Mein persönlicher Favorit in unserem Geschäft war aber nicht die Süßwaren-, sondern die Obst- und Gemüseabteilung mit ihren vielen frischen Farben, die hell, lichtbeschienen und verlockend am Fenster lag. Im Sommer gab es dort alles, was mein Herz begehrte: pralle Kirschen und Pfirsiche, dicke Pflaumen und tiefgrüne, knackige Äpfel. Diesbezüglich war mein Stiefvater ein großer Ästhet: Der Laden musste immer «picobello» sein und die Lebensmittel allesamt frisch und appetitlich.

Gern sah ich ihm am frühen Morgen dabei zu, wie er die Südfrüchte akkurat im Schaufenster drapierte, bis Pfirsiche, Orangen und Ananasstauden zu Pyramiden aufgetürmt waren wie die Akrobaten im Zirkus.

Zu seinen Kunden war Hans stets freundlich, von einer bisweilen übertriebenen Höflichkeit. Alle Kunden waren wichtig, aber niemand, erklärte er mir einmal im Laden und hob dabei einen Zeigefinger, war so wichtig wie die Stammkundschaft.

«Der Stammkunde ist König», begann er mir das kleine Einmaleins der Kundenbindung zu erklären. «Deshalb merk dir, erstens: Stammkunden spricht man immer mit Namen an. Zweitens: Stammkunden haben immer recht.»

«Auch wenn sie was Dummes sagen?», fragte ich.

«Auch wenn sie was Dummes sagen», nickte er.

«Warum?», hakte ich nach, aber das war für Hans des Nachfragens bereits zu viel. Es war die Zeit, in der Kinder lieber nicht nachbohrten, das galt als vorwitzig und frech.

«Warum, warum», schnaubte er, «weil Stammkunden der Grundstein deines Erfolgs sind. Ohne Stammkunden kein florierender Laden. Ohne Stammkunden bist du nichts! Jetzt unterbrich mich nicht andauernd, denn sonst komme ich nicht dazu, dir drittens zu erklären: Stammkunden kriegen auf Wunsch ihre Einkäufe rumgebracht, egal ob's regnet, stürmt oder Heiligabend ist.»

Ich wusste bereits, was «rumbringen» hieß, da mich Hans manchmal losschickte, älteren Leuten ihre Einkaufstaschen nach Hause zu tragen.

Ich mochte es, mich vorsichtig in fremden Häusern umzuschauen. Nur manchmal war es etwas unheimlich, besonders in dunklen Hausfluren und bei uralten Leuten, die so gebrechlich waren, dass sie nur matt murmelten: «Die Kleine vom Lüdemann ... wirst auch größer ... fleißig bist du ... hier hast du einen Groschen.»

Wenn Kunden im Laden waren, musste ich mich so unsichtbar machen wie möglich. Wenn ich mich still verhielt und nicht herumzappelte, durfte ich mich manchmal sogar zu Hans hinter die Fleischtheke stellen und ihm dabei zusehen, wie er geschickt und kraftvoll Rippchen zerhackte, Steaks schnitt, Mett zubereitete und dabei wie nebenbei mit den Kunden über ihre Zipperlein plauderte. Immer freundlich, immer für einen Witz zu haben – nur ein einziges Mal beherzigte er seine eigenen Regeln nicht.

«Wenn ich deine Jutta so sehe», sagte an einem schönen Herbsttag der dicke, bärtige Herr Röhnert, während er darauf wartete, dass Hans ihm ein Kilo Kalbsleber auswog, «dann denke ich: Bist wohl nicht der erste Mann im Leben deiner feschen Helga, was?»

Hans' eben noch joviales Lächeln verzog sich zu einer abschätzigen Fratze: «Was willst du Pappnase damit sagen?»

Ich sah, wie er einen Arm erhob, den Arm, dessen Hand das Fleischermesser hielt. Dann polterte er los: «Pass du ma lieber auf deine Inge auf, dat du ihr letzter Kerl bist! Wie die immer durch die Straße wackelt mit ihrem dicken Hinterteil!»

«Ist Herr Röhnert jetzt noch Stammkunde?», fragte ich unschuldig, nachdem die Ladentür krachend ins Schloss gefallen war.

«Hat dich jemand nach deiner Meinung gefragt, Fräulein?», schnauzte Hans und verschwand in der Vorratskammer.

Eines Abends drückte mir meine Mutter einen Gutenachtkuss auf die Stirn und sagte, sie müsse morgen etwas sehr Wichtiges in der Stadt erledigen, erst am Abend sei sie wieder zurück. Deshalb dürfe ich am morgigen Tag mit Hans zum Großmarkt fahren.

Zum Großmarkt! Davon hatte ich schon lange geträumt. Jeden Morgen fuhr Hans in aller Frühe dorthin, um frisches Fleisch, Obst und Gemüse einzukaufen. Hellwach saß ich am nächsten Morgen um halb sechs vorne neben ihm im Auto. Die Straßen waren fast menschenleer und der nagelneue Tag lag verheißungsvoll vor uns.

Der Großmarkt war eine quirlige, kunterbunte Welt für sich. Die geschäftigen Hallen schienen mir unendlich groß, so groß wie die Fußballstadien im Fernsehen, und auf den meterlangen Obst- und Gemüseständen sah es aus wie im Schlaraffenland: makelloses Obst in rauen Mengen, ordentlich gestapelt, in allen Farben des Regenbogens. An einem Stand bekam ich eine Handvoll Kirschen geschenkt. Ich sah meinem Stiefvater zu, wie er die Waren begutachtete, probierte und mit einem Händler ins Gespräch kam.

«Na, Jupp, wie is et, wo hässe de Billa jelassen?»

«Man schläscht sich so duresch. De Billa hät ordentlisch Ping in dä Rücken. Dat is de Bandschief. Zu viel Jeschleppe. Da han ich se te Hus be de Blare jelassen.»

«Hömma, einsfufzisch für et Kilo Delizius is ens happisch. Be einzwanzisch is et jut.»

«Ach, hau misch ab. Nimm zehn Kilo für zwölf Mark un seh dat de Land jewinnst. Und sach ma ... wer is dat denn?»

Ein dicker, schwieliger Finger zeigte auf mich.

«Dat Mädschen jehört zu mir.»

«Wat, dat Mädschen jehört zu disch?»

«Ja, da kannse staune, wa?»

«Na dann. Tschö, Hans, bis Fridach.»

«Jo, tschö!»

Mein Vater kannte jeden Händler, und alle kannten ihn. Der Umgang war rau, aber herzlich. Überall wurde nur Platt gesprochen, das ich gut verstand, weil viele unserer Nachbarn Dialekt sprachen. Am Ende belud Hans sein Auto mit Obstkisten, Fleisch- und Wurstkästen, und wir fuhren mit allen Waren, einen Mischmasch aus den verschiedensten Düften in der Nase, zurück zu unserem Geschäft.

Am Nachmittag kam meine Mutter heim, noch bedrückter als am Morgen. Ich hörte, wie sie im Badezimmer etwas von «Schande» und «Frechheit» vor sich hin murmelte.

«Mama, was ist denn?»

«Ach nichts, Juschilein. Und, wie war's beim Großmarkt?»

Auch mit Hans wollte sie nicht reden. Heute weiß ich, wo sie an jenem Tag war: beim Auftakt des Vaterschaftsprozesses, den der Indonesier angezettelt und in dem er Mutters damalige Affären wortreich ausgebreitet hatte, um seine irrtümlich gezahlten Alimente zurückzubekommen. Für meine Mutter müssen diese Prozesstermine, die sich über Monate hinzogen, höchst kompromittierend gewesen sein, doch von alldem ahnte ich damals nichts.

ZUNEHMENDE KONFLIKTE

Während meine Mutter sich oft als Freigeist gab, war sie in manchen Dingen äußerst penibel, vor allem bei den Tischmanieren. Dass Hans immer nur mit der Gabel aß, das Mittagessen in sich hineinschaufelte und dabei noch sorglos schmatzte, hatte sie in den ersten Monaten nachsichtig toleriert. Jetzt, nach der Hochzeit, im zweiten Jahr ihrer Ehe, nahm sie kein Blatt mehr vor den Mund.

«Hans, du isst wie ein Ferkel», meckerte sie, «nun nimm doch das Messer!»

«Ach komm, du», schmatzte Hans unbeirrt fort. «Und hab ich dir schon erzählt? Ich hab mich eine neue Waage gekauft, eine elektrische, fürs Geschäft. Gut, was?»

«Mir!», seufzte meine Mutter, nachdem sie ihren Brothappen vorher demonstrativ aufgekaut hatte. «Es heißt mir!»

«Jetzt hömma, Helga!», maulte Hans beleidigt. «Nur weil du ein paar Jahre in der Villa von so 'ner piekfeinen Tante gewohnt hast, glaub ja nicht, dass du jetzt was Besseres bist!»

«Deutsche Sprache schwere Sprache», setzte meine Mutter noch nach. Sie gab nie klein bei.

Aber Ausdrucksweise und Tischmanieren waren nicht das Einzige, was sie störte. Auch Hans' Unterwäsche bot Anlass zu Konflikten.

«Wie bitte? Die Unterbuxe hast du immer noch an?», stellte meine Mutter ihren Ehemann zur Rede. «Seit drei Tagen?»

«Das geht dich gar nichts an. Die ist noch sauber», murmelte Hans und verschwand rasch ins Bad, entschlossen, sich von seiner energischen Ehefrau nicht die Butter vom Brot nehmen zu lassen.

Zunehmend war es auch Hans, der nach Konfliktstoff zu suchen schien. Er meckerte über das Essen, ungebügelte Hemden und zu hohe Ausgaben, und aus seiner Abneigung gegen Mutters Musikgeschmack machte er kaum noch einen Hehl: «Mensch, mach doch diese Irrenmusik aus!»

«Irrenmusik? Schlager ist Irrenmusik», konterte meine Mutter. «Wie blöd muss man sein, um diesen hirnlosen Quatsch gut zu finden!»

Im Laden war er immer noch der Alte. Diesen Hans mochte ich. Dort war er stets freundlich und gelassen. Aber in unserer Wohnung galten andere Gesetze, wie sich immer mehr zeigte. Kam er abends müde und gereizt nach Hause, ließ er sich in seinen Sessel fallen und brummte grußlos: «Wer holt mir ein Bier?»

Stand das Essen nicht rechtzeitig auf dem Tisch, donnerte er los: «Was machst du eigentlich den ganzen Tag?», und ließ Schimpftiraden über meine Mutter ergehen.

Auch ich geriet immer öfter ins Schussfeld.

Wenn meine Eltern freitagabends Kegeln gingen – ihre einzige gemeinsame Unternehmung –, stellte Hans mein Eichhörnchen-Stofftier von außen auf die Türklinke meines Zimmers, um zu kontrollieren, ob ich wirklich nicht aufgestanden war, wenn sie zurückkamen.

Eines Nachts wurde ich von einem ungehaltenen Gezerre an meiner Bettdecke geweckt: «Du bist aufgestanden! Verdammt noch mal, warum bist du aufgestanden?», polterte Hans, sein Gesicht rot vor Wut.

«Bin ich gar nicht», stammelte ich. Ich konnte mich tatsächlich nicht daran erinnern, mein Bett verlassen zu haben.

Vielleicht war das Stofftier von selbst heruntergefallen? Ich sah mich um nach meiner Mutter, hörte aber nur ein Wasserplätschern im Bad.

«Lüg doch nicht!», schnaubte er und funkelte mich böse an.

Von da an packte ich mir abends all meine Stofftiere ins Bett, redete mit ihnen und hielt sie fest im Arm, um mich nachts einigermaßen sicher zu fühlen.

KRAUSE HAARE, KRAUSER SINN

Wir Kinder hatten Regeln zu befolgen. Nicht nur von unseren Eltern, sondern auch von Lehrern, Nachbarn oder wildfremden Leuten auf der Straße wurde uns vermittelt, was sich gehörte und was nicht. Man hörte zu, redete aber nie dazwischen, wenn Erwachsene sich unterhielten. Man hatte vor Älteren Respekt und hörte auf das, was sie sagten. Man rief während der Mittagsruhe nirgends an. Man gab Erwachsenen immer die Hand zur Begrüßung, aber nie die linke («die falsche»), sondern immer die rechte («die feine»). Man lachte nicht ohne triftigen Grund, das galt als albern. All diese Dinge «macht man so», sagten alle, auch wenn man sah, dass sich nicht unbedingt alle Erwachsenen daran hielten. Das sagte man jedoch besser nicht laut, denn die wichtigste Regel für uns Kinder lautete: Gib niemals Widerworte.

«Ordentlich» war ein universaler Begriff, der über allem schwebte. Vor der Schule aß man ein *ordentliches* Frühstück, man putzte sich *ordentlich* die Zähne, schlief *ordentlich* aus oder sagte jemandem *ordentlich* die Meinung. Ordentlich implizierte Kraft, Schwung und eben – Ordnung. Stärker und mächtiger als heute gab es damals ein durch die Ordnung bestimmtes mentales Kollektiv, in dem unumstößlich feststand, was sich gehörte und was nicht.

Bei uns zu Hause spielte sich die Zugehörigkeit zu einem Kollektiv vor allem in den Köpfen meiner Eltern ab, denn viele Kontakte pflegten sie nicht. Bei uns ließ man «die da draußen» nicht an das eigene Leben heran und passte sich dennoch akribisch an sie und die allgemeingültigen Regeln an.

Wir lebten in einer streng geregelten Tagesstruktur, die keinerlei Abweichungen zuließ. Heute glaube ich, es war dieses dichtgewobene Regelwerk, das unsere Familie zusammenhielt – und meine in ihrem tiefen Inneren flippige, unkonventionelle Mutter davon abhielt, zurück in ihr freies Leben zu flüchten und diesen ganzen spießigen Alltag hinter sich zu lassen.

In Anbetracht dessen, dass unsere ganze Stadt um größtmögliche Ordnung, Sitte und Moral bemüht war, denke ich heute, dass ich durch mein andersartiges Aussehen, meine besondere Familienkonstellation und meine außergewöhnliche Entstehungsgeschichte (die man sich mehr oder weniger phantasievoll zusammenreimte) den Menschen in höchstem Maß suspekt gewesen sein muss. Denn natürlich fielen wir überall auf. Eine komplett deutsche Familie mit einem dunkelhäutigen Kind gab es sonst nicht.

Dennoch oder gerade deswegen war auch ich ein winzig kleines Zahnrädchen dieser Gemeinschaft, an dessen klitzekleinen Zacken meine Eltern so lange schliffen und polierten, bis es nahezu makellos, ohne zu ruckeln, in die mühevoll geschliffenen Zahnräder meiner Umgebung passte. Meine dunkle Haut und meine exotischen Gesichtszüge waren extravagant genug und ließen sich nicht ändern. Der Rest musste sich umso mehr in die allgemeingültige Ordnung fügen.

Und so bürstete meine Mutter meine wilden Afrolocken jeden Morgen nach dem Frühstück in einer viertelstündigen Tortur und scheitelte sie in der Mitte des Kopfes pielgerade, um sie dann in zwei feste Zöpfe zu flechten. Eine offene Afromähne ließ meine Mutter lediglich zu Hause durchgehen. Sich

61

der Zähmung widersetzende Haare am Stirnansatz wurden mit Spängchen gebändigt und festgesteckt.

Nie hatte ich draußen offene Haare, das sah nach Ansicht meiner Mutter unordentlich aus. Neben all den Regeln gab es nämlich auch eine Vielzahl von Sprichwörtern, die die Ordnung festigten. «Krause Haare, krauser Sinn» war eines von ihnen.

FRÜHSCHOPPEN MIT MALZBIER

Auch wenn meine Mutter der Ansicht war, dass wir uns anpassen mussten, um in der Gesellschaft gut zu funktionieren, hatte sie selbst die größten Schwierigkeiten damit. Die vielen geselligen Zusammenkünfte unseres Dorfes mied sie wie die Pest.

«Was, schon wieder Schützenfest? Och Juschilein, geh mal mit Papa ohne mich», sagte sie und verkroch sich lieber mit ihrer Musik und Nagellackfläschchen in der Wohnung.

Hans wiederum liebte zwar diese Geselligkeit, war aber gleichzeitig zu starrköpfig und zu aufbrausend, um sich oft mit Menschen umgeben zu können. Die einzige regelmäßige Unternehmung von Hans und meiner Mutter war das Kegeln.

Daneben gab es noch eine einzige Sache, die Hans ganz außerordentlich schätzte und für nichts und niemanden ausfallen ließ: seinen sonntäglichen Frühschoppen.

«Helga, es ist halb neun. Aufstehen!»

Jeden Sonntag weckte Hans meine Mutter um 8 Uhr 30, damit sie Frühstück machte, während er selbst noch eine Stunde weiterschlief. Ein späteres Aufstehen meiner Mutter hätte für Hans eine Verschiebung im Tagesablauf bedeutet, die völlig inakzeptabel war, denn das Mittagessen musste um Punkt 13 Uhr auf dem Tisch stehen, wenn er vom Frühschoppen zurückkam.

Manchmal durfte ich Hans zu «Erna's Eck» begleiten, damit meine Mutter ungestört ihren Kochkünsten und dem Sonn-

63

tagsputz nachgehen konnte, einem der Höhepunkte der hausfraulichen Pflichten.

Eingehüllt in den Geruch von kaltem Rauch, Bohnerwachs und Bier, saßen Hans' Trink- und Kartenspielkumpane bereits um den hölzernen Stammtisch versammelt und zwickten mir zur Begrüßung freundlich in die Wange. Man traf sich zum «Tuppen», einem Spiel, dessen Regeln ich nie ganz durchschaute. Abwechselnd gaben sich die Männer nach jedem Spiel eine Runde aus.

Zwei von ihnen hatten rote Nasen, drei andere hängende Augenlider, die mit den Stunden in der Kneipe immer hängender wurden. Die einzigen Frauen, die ich hier je sah, waren die Wirtin Erna und die Frau unseres Postboten Achim. Punkt elf Uhr von der Kirche kommend, riss diese energisch die Kneipentür auf und komplimentierte ihren Mann in bellendem Ton nach draußen.

Ich mochte diese Vormittage beim Frühschoppen, weil Hans mir immer ein Malzbier und ein paar Mark für den Flipperautomaten spendierte. Voller Vorfreude versenkte ich das silberne Markstück im Schlitz, lauschte dem melodischen Plirren und sah zu, wie die Flipperkugel immer wieder pfeilschnell gegen blinkende Pöller schoss.

Ich war höchst konzentriert und hörte dennoch zwischendrin in meinem Rücken das Murren der Männer über «Maloche», die «Weiber» und «diesen bekloppten Kommunisten» namens Willy Brandt.

Immer öfter hielt ich die Kugel so lange in Gang, dass ich Extraspiele bekam.

«Von wem hat die Kleine denn dieses Spieltalent geerbt, Hans? Von dir vielleicht?» Alle lachten.

Hans lachte nicht, sondern drehte den anderen den Rücken zu und bestellte noch ein Bier.

64

Wenn wir um 13 Uhr nach Hause kamen, öffnete uns meine perfekt geschminkte Mutter die Tür. Der Sonntagsbraten stand bereits auf dem Tisch der blitzblank geputzten Wohnung.

«Mama, warum schminkst du dich eigentlich, wenn du zu Hause bist?», fragte ich sie einmal.

«Für mich! Na gut, und ein bisschen für Hans, damit er sich freut», sagte sie, auf dem Kopf noch die neue, mobile Trockenhaube für die moderne Hausfrau.

GANZBRUDER

Ich erinnere mich an einen gemütlichen Familientag kurz vor meinem vierten Geburtstag. Heute weiß ich, dass es der 5. April 1968 war. Einträchtig saßen wir vor dem Fernseher, Mutter, ich, Hans und sein Vater, mein weißhaariger, gutmütiger Großvater, der in unserer Nähe wohnte und uns oft besuchte. Ich hatte ihn längst in mein Herz geschlossen und er mich nach anfänglicher Skepsis angesichts Mutters wilder Vergangenheit auch. Plötzlich wurde auf dem Fernsehbildschirm das Foto eines dunkelhäutigen Mannes eingeblendet, das ich mit großen Augen bestaunte.

«Wer ist das?», wollte ich wissen.

«Dat ist Martin Luther King», erklärte mein Großvater, wie immer um sein bestes Hochdeutsch bemüht, wenn er mit mir sprach.

«Und was ist mit ihm?», fragte ich.

«Mmh, ja. Der ist jetzt beim lieben Gott. Der ist gestern von einem bösen Menschen erschossen worden.»

«Aber warum denn? Ist er jetzt für immer weg? Ist er tot?»

«Ja, der ist tot. Schlimm, wat?», antwortete mein Großvater. «Aber weißt du, Jutta, ich sag dir jetzt mal wat: Ich verstehe nicht, dat so viele wat gegen Neger haben. Nach dem Krieg, als die Amerikaner kamen, da waren die Neger die nettesten. Die anderen Amerikaner waren manchmal streng oder arrogant, aber die Neger nie. Die lachten oft und haben mit uns ihr Essen und ihre Zigaretten geteilt.»

«Ach Opa, lass gut sein», warf Hans ein. «Dat waren doch ganz andere Zeiten. Der Amerikaner will eben, dat alles so bleibt, wie et war.»

Meine Mutter stand auf, um sich ihre Zigaretten aus der Handtasche zu holen. «Das ist ja wohl kein Grund, einen Mann zu erschießen! Natürlich sollen die Schwarzen dieselben Rechte haben.»

«Na, bei dir haben sie die ja eindeutig schon immer gehabt!», konterte Hans und setzte dem Gespräch damit ein jähes Ende.

Solange ich denken kann, hat meine Mutter mir Geschichten aus ihrem und meinem Leben erzählt. Es gab erschreckende Geschichten, die sich meist um ihren Vater drehten, oder magische über die Weissagungen meiner Großmutter. Zum Beispiel hatte sie den Tod ihres Vaters im Voraus gespürt und bereits Schwarz getragen, als der Postbote das traurige Telegramm überbrachte.

Am liebsten mochte ich die anrührenden und lustigen Erzählungen von Ereignissen aus meinen ersten Lebensjahren. Diese Geschichten und ihre Figuren lebten mit mir und waren für mich immer ein selbstverständlicher Teil meiner Kindheit.

Darüber, wie entsetzt sie über ihre Schwangerschaft gewesen war und wie sie versucht hatte, ihr Ungeborenes wieder loszuwerden, erzählte meine Mutter mit dem gleichen Enthusiasmus wie über alles andere. Als Kind fand ich das spannend. «Mama, erzählst du noch mal, wie du früher vom Küchentisch gehopst bist?»

Und dann erzählte meine Mutter so bunt und detailreich, als ginge es um ihre erste Party: «Himmel, was ich alles versucht hab! Heiß gebadet, die Treppen bin ich runtergesprun-

67

gen und sogar von Tisch gehüpft. ‹Was sitzt, das sitzt›, hatte meine Mutter immer gesagt, und ich war völlig verzweifelt, weil das tatsächlich wahr war.»

Als ich klein war, zählten diese Geschichten für mich zu den lustigen. Die Vorstellung, wie meine Mutter nackt aus der heißen Wanne gestiegen war, um von Treppenstufen und Tischen zu springen, brachte mich zum Kichern. Erst Jahre später traf mich die Erkenntnis wie ein Schlag, dass ich alles andere als ein Wunschkind war und was es für mich bedeutet hätte, wäre ihr Tun erfolgreich gewesen.

«Und wer hat mich in deinen Bauch getan?», fragte ich damals.

«Tja, also …», sagte sie, «wenn sich zwei Menschen lieb haben, macht der liebe Gott das manchmal. Er lässt dann im Bauch der Frau ein Baby heranwachsen.»

Diese Erklärung gefiel mir, und ich fragte nicht weiter.

Um die Kleinfamilie perfekt zu machen, wurde meine Mutter kurz darauf erneut schwanger, und diesmal war klar, von wem. Ihr Bauch wölbte sich schon bald unter ihren schicken Umstandskleidern.

Ich liebte es, mich auf ihren Schoß zu setzen und meine Hand auf ihren Bauch zu legen, bis ich eine winzige Bewegung spürte. Sie roch jetzt anders, irgendwie süßlich, nach Zimt und warmer Milch.

«Mama, wie ist das Baby in deinen Bauch gekommen?», fragte ich einmal neben ihr auf dem Sofa und schnupperte an ihr. «Hast du dir mit Hans ein Baby gewünscht, und dann hat der liebe Gott gemacht, dass es in deinem Bauch wächst?»

«Also, tja, mmmhhh. So war's», sagte sie und streichelte ihren Bauch.

«Und wie war das bei mir? Hans war doch noch gar nicht da, als ich in deinem Bauch war, oder?»

Ich sah in ihre Augen. Sie schluckte und bekam im Gesicht ein paar rote Flecken.

Mich erschreckte, dass sie plötzlich ernst und traurig aussah. Etwas in ihrem Blick sagte mir, dass ich nicht weiter fragen sollte. So offenherzig sie sonst in ihren Erzählungen war, so sehr spürte ich, dass ich einen wunden Punkt berührt hatte.

Als ich viereinhalb Jahre alt war, wurde mein Bruder Mats geboren. Genau genommen ist er natürlich mein Halbbruder, denn wir haben verschiedene Väter. Ich kenne es nicht anders, dennoch glaube ich, dass ich mich einem «Ganzbruder» nicht verbundener fühlen würde. Für mich war er immer ganz und gar mein Bruder.

Ich liebte es, ihn als Baby auf dem Schoß zu halten, ich durfte ihm ganz allein die Windeln wechseln, und sobald er laufen konnte, zog ich mit ihm los, nahm ich ihn mit auf meine Exkursionen über Felder und Wiesen.

TSCHÖMEIKA

Wie die meisten Kinder in unserem Dorf ging ich nicht in den Kindergarten. Ich ging einfach vor die Tür. Für uns war das ganze Dorf ein einziger großer, verheißungsvoller Spielplatz, mit dem nahen Wald, den umliegenden Feldern und den vielen freien, unbebauten Flächen, auf denen Obstbäume wuchsen, meterhohes Gestrüpp und wilde Blumen.

Wir trafen uns ganz selbstverständlich an Orten, die allen bekannt waren, und brauchten uns nicht zu einer bestimmten Uhrzeit zu verabreden. Zwar gab es Zeiten, zu denen man nicht draußen spielen durfte – während der Mittagsruhe, abends ab 18 Uhr und am Sonntag –, ansonsten aber liefen wir einfach los und guckten, was sich ergab.

Es war ein brütend heißer Tag im Sommer, der letzte Sommer, bevor ich in die Schule kam. Gleich nach dem Frühstück eilte ich los in meiner kurzen Frottéhose, lief übers Kopfsteinpflaster, vorbei an den letzten Häusern und den verwilderten Wiesen bis zum nahegelegenen Wald. Dort trafen wir uns, acht, neun Kinder, spielten Verstecken, Fangen oder gruben tiefe Löcher in die Erde: Höhlen, in denen wir stundenlang hockten und uns vorstellten, dort zu wohnen, für immer, bis in alle Ewigkeit – oder wenigstens bis zum Mittagessen, dann liefen wir heim zu unseren Müttern wie von einer inneren Uhr getrieben.

Wie jeden Morgen galt es zuerst zu klären, wie wir den Tag

verbringen sollten. Regina ergriff als Erste das Wort. Mit acht Jahren war sie die Älteste, hatte einen blonden Pferdeschwanz, Sommersprossen und eine große Klappe. Sie schlug vor, Wildblumen zu pflücken und an die alten Witwen im Dorf zu verscherbeln, die uns für drei Groschen jeden Blumenstrauß abkauften.

Ich hatte auch einen Vorschlag, ich wollte eine Hütte bauen aus herumliegenden Ästen und geheimnisvollem Müll, den man hier und da zwischen den Bäumen fand. Auch der dicke Jürgen meldete sich. Sein Plan war, einen Ameisenhaufen aufzustöbern und ihn dann ein bisschen anzukokeln. Stolz zog er ein Feuerzeug aus seiner Hosentasche, doch als er Reginas rollende Augen sah, nahm er den Vorschlag zurück.

Ich nicht. Ich konnte extrem stur sein und wusste genau, was ich wollte und was nicht. Ich wollte nicht schon wieder stinklangweilige Blumen pflücken.

Regina nannte meinen Vorschlag kindischen Pipikram. Ihre Augen blitzten mich an.

Ich wollte immer noch eine Hütte bauen.

Rasch bildeten sich zwei Lager. Die Diskussion wurde hitziger, die Stimmen lauter, die Wangen glühten mit der Sonne über den Baumkronen um die Wette. Kampfeslustig sah ich Regina in die Augen und zischte: «Du bist nicht der Bestimmer!»

Regina schaute mich an, hielt inne. Dann stemmte sie die Hände in die Hüften und fauchte: «Wer denn sonst? Etwa du? Du weißt ja nicht einmal, wer deine Eltern sind!»

Dann war es still. Regina, sich der triumphalen Bedeutung ihrer Worte sicher, schob ihr Kaugummi über die Zunge, ließ es zur Blase anwachsen und geräuschvoll knallen, ehe sie fortfuhr: «Denk mal nach! Deine Mutter ist weiß. Dein Vater ist weiß. Du bist braun. Wie soll das gehen? Hä?»

Ich wich einen Schritt zurück. Dann sah ich es aus den Augenwinkeln. Jürgen nickte. Auch andere Köpfe gerieten in Bewegung, erst zögernd, dann entschlossen. Selbst Maria, meine beste Freundin Maria, schwieg.

«Wusstest du's nicht?», holte Regina zum finalen K.-o.-Schlag aus: «Du bist adoptiert!»

Ich wusste, was das war. Jeder wusste das. Adoptiert, das war der schüchterne, schmächtige Sohn der Bäckerin. Aber doch nicht ich! Mein Fäuste ballten sich in meinen Hosentaschen.

«Wer sagt das?», stieß ich hervor, bemüht, dass meine Stimme nicht zittrig klang.

«Meine Eltern», grinste Regina und machte noch eine Kaugummiblase. «Und Jürgens Eltern auch. Und deine Eltern sagen es dir erst, wenn du erwachsen bist.»

Jetzt gab es kein Halten mehr. Ich sprang auf Regina zu, nahm sie in den Schwitzkasten und schleuderte sie zu Boden. «Lügnerin! Lügnerin!», schrie ich ihr ins Gesicht, dann rannte ich nach Hause.

Ich stolperte über Baumwurzeln, Moosflechten und einen alten Autoreifen, aus dem meterhoch Brennnesseln wuchsen. In sicherer Entfernung kauerte ich mich neben ein paar Pilze, schlug ihnen vor Wut die Köpfe ab. Dann kam die erste Träne und dann noch eine. Bald waren es so viele, dass der Stoff meines T-Shirts durchweichte.

Regina hatte einen wunden Punkt getroffen – einen Punkt, von dem ich bisher nicht einmal gewusst hatte, dass es ihn gab. Dieses gemeine Klatschweib, diese falsche Schlange, dieses Lügenmaul ... hatte am Ende vielleicht recht!

Weiße Eltern können unmöglich ein braunes Kind haben, klar, wie soll das auch gehen? Ich begutachtete meine nackten Arme. So braun waren sie mir nie vorgekommen. Ein bisschen hellbraun vielleicht, das schon. Jetzt sah ich, wie sattbraun sie waren, braun wie die Eicheln, die hier überall herumlagen. Ich dachte an die weißen Arme meiner Mutter mit den winzigen blonden Härchen darauf, ich dachte an ihre hellgrünen Augen, während ich aus dem Wald lief, wie aus dem Paradies vertrieben.

Einen Song von den Rolling Stones pfeifend, öffnete meine Mutter die Wohnungstür. In der linken Hand hielt sie ein Schneidemesser, in der rechten ein kunstvoll gezacktes Radieschen. Als sie meine verheulten Augen sah, verstummte ihr Pfeifen, und sie beugte sich zu mir herunter.

«Mama, ich bin jetzt sechs. Ich bin alt genug. Bitte, sag es mir!», flehte ich sie unter Tränen an.

«Himmel, was denn?», fragte meine Mutter.

«Dass du mich adoptiert hast. Ich komme damit klar!», schluchzte ich. Und ergänzte leiser, fast flüsternd: «Ich sag es auch niemandem weiter.»

«Was sagst du da? Wer erzählt denn so einen Käse?» Eine tiefe Falte bildete sich auf ihrer Stirn. «Oh warte, lass mich raten. Den Floh hat dir die alte Frau Kasnitz ins Ohr gesetzt. Nur weil sie sitzengelassen wurde und keine Kinder bekommen hat, diese vertrocknete Jungfer!»

Mutter zog mich auf ihren Schoß und schwor bei allem, was ihr heilig war, dass ich ihre leibliche Tochter sei, dass ich in ihrem Bauch gewachsen, ja ihrem Schoß entschlüpft sei – und unter welch Höllenqualen! Und wie die Hebamme dümmlich geglotzt habe, wie ihr die Kinnlade heruntergeklappt sei, als sie mich sah, klein und braun wie ein Karamellbonbon.

Sanft schob mich meine Mutter vom Schoß herunter. Sie ging ins Kinderzimmer, um nach meinem kleinen Bruder zu gucken, der gerade ein Mittagsschläfchen machte. Dann lief sie ins Wohnzimmer, riss die unterste Schublade der Kommode

auf, kramte die Fotokiste hervor, angelte ein kleines schwarzweißes Bild heraus und legte es vor uns auf den Küchentisch,
so vorsichtig, als wäre es ein beglaubigtes Dokument.

Auf dem Foto stillte sie ein Baby. Ganz klar, die blonde, stark
geschminkte, lächelnde Frau unter dem Bill-Haley-Poster war
meine Mutter. Aber das braune, unscharfe Baby in ihren Armen, war das wirklich ich?

Zufrieden sah meine Mutter mich an.

«Und was ist eigentlich mit Hans?», fragte ich, denn in ihrer
flammenden Verteidigungsrede hatte sie ihren Ehemann kein
einziges Mal erwähnt.

Mutters Gesichtsausdruck sah jetzt weniger zufrieden aus.
Sie ging zum Küchenschrank, holte zwei Gläser heraus. In das
eine goss sie Martini, in das andere Zitronensprudel – den gab
es bei uns nur ausnahmsweise –, und stellte beide Gläser auf
den Küchentisch. Sie lächelte schief, fast verlegen, ein Lächeln,
das ich nicht an ihr kannte.

«Na, du weißt doch, dass wir nicht immer bei Hans waren
und dass er nicht dein richtiger Vater ist», sagte sie. «Dein richtiger Vater ... dein richtiger Vater ist ein Mann aus Jamaika.»

Ich verschluckte mich fast am Sprudel.

«Tschömeika?» Ein Wort, das sich in meinem Mund so
fremd anfühlte wie eine neue Kaugummisorte.

«Das ist eine Insel, die ganz, ganz weit weg ist», präzisierte
meine Mutter.

«Und wie heißt mein Vater?»

«Oin.»

Oin, Oin, Oin, Oin ... mehrmals hintereinander gemurmelt,
klang der Name wie ein hüpfender Flummi, irgendwie lustig.

«Und weiter?»

«Nichts weiter. Das heißt, ich weiß es nicht. Ich hab ihn nur
einmal in einer Bar gesehen. Er hat Saxophon in einer Band

gespielt. Ich habe ihm zugesehen, und so hab ich ihn kennengelernt.»

«Was ist ein Saxophon?»

«Das ist das schönste Instrument der Welt.» Mutter bekam leuchtende Augen, sah jetzt weniger verlegen aus. «Ich spiele dir gleich auf einer Platte vor, wie es klingt.»

Diese erstaunlichen Neuigkeiten hätte ich eigentlich erst mal verdauen müssen, dennoch ploppten in meinem Kopf immer neue Fragen auf, deshalb bohrte ich weiter: «Und wie sah mein Vater aus?»

«Groß. Na ja, so groß auch wieder nicht. Vielleicht eher mittelgroß. Na, eigentlich hab ich keine Ahnung ...»

«Welche Augenfarbe hatte er?»

«Äh, also blau werden sie nicht gewesen sein. Eher dunkel. Schwarz vielleicht. Schwarz wie Brombeeren, wenn ich das jetzt nicht irgendwie verwechsle ...»

Nachdenklich wickelte ich eine Locke um meinen Zeigefinger. «Und warum kommt er uns nie besuchen?»

«Ach, weißt du, er spielt mit seiner Band überall auf der Welt und weiß gar nicht, wo wir wohnen. Aber, Mäuschen, dein Papa ist ja jetzt Hans!»

«Hmmm ...»

Dann sagte meine Mutter nichts mehr, sondern zog eine Schallplatte aus ihrer quietschbunten Hülle, legte sie auf den Plattenteller und setzte die winzige Nadel darauf. Erst kam das vertraute Knistern und dann ein dunkler, langgezogener, sehnsüchtiger Ton.

«Das ist es. Ein Saxophon», sagte meine Mutter, schloss die Augen und wiegte den Kopf im Rhythmus hin und her. Plötzlich hielt sie kurz inne und sagte: «Vor Hans aber über die ganze Sache kein Wort, verstanden?»

Und damit hatte sich das Thema für sie erledigt.

Lange lag ich an diesem Abend wach in unserem neuen Etagenbett, hörte das selige Brummen meines einjährigen Bruders unter mir und dachte gründlich nach.

Hans war nicht mein richtiger Vater. Nun ja, das hatte ich eigentlich schon immer gewusst, auch wenn es nie jemand offen ausgesprochen hatte. Nun gab es also einen anderen. Oin, Saxophon, Tschömeika ... wie fremd, wie geheimnisvoll das klang! Die Väter meiner Spielkameraden waren anzugtragende Blondschöpfe, die als Bankkaufmänner oder Steuerberater arbeiteten. Mein Vater war ein Musiker, ein Künstler, ein magisches Wesen, dessen einziger Minuspunkt war, dass ich ihn nicht kannte.

Ich fasste einen Entschluss. Wenn ich das nächste Mal mit meiner Mutter in die «Plattenbörse Roberts» gehen durfte – sie fuhr, auch wenn es seltener wurde, noch immer gern in dieses kleine Geschäft in Düsseldorf, in dem sie früher gearbeitet hatte –, dann würde ich mich gründlich umschauen. Auf den Plattenhüllen waren oft die Gesichter der Musiker abgebildet. Ich nahm mir vor, von nun an sämtliche Platten zu begutachten, um zu erkunden, ob nicht vielleicht mein Vater darauf war. Ich würde ihn erkennen, so viel war sicher. Eines Tages würde ich ihn auf einer glitzernden Papphülle entdecken, und dann würde ich ihn finden. Es war ganz einfach.

Für mich wurde in dieser Nacht mein Vater geboren, und er bekam einen festen Platz in meinem Herzen, auch wenn meine Mutter sich gewünscht hätte, ich würde ihn vergessen. Für mich war er von nun an ein Porträt auf einem Plattencover, ein exotischer Star, der mit seiner Band kreuz und quer in der Welt unterwegs war, ohne Zeit zu haben, uns zu besuchen. Von da an war mein ferner, unbekannter Vater immer öfter das, was Hans für mich nicht war: groß, klug, humorvoll und grenzenlos entspannt.

Oin ... eigentlich ein seltsamer Name, ging mir noch durch den müden Kopf. Ich nahm es jedoch hin, dieses Detail, das immerhin ein Drittel meines gesamten Wissens über meinen Vater ausmachte, und fiel in einen tiefen Schlaf.

DAS MÄDCHEN IM SUPER-8-FILM

Noch etwas wühlte mich in diesen Wochen auf. Ich hatte nicht nur einen Vater hinzugewonnen, wenn auch einen imaginären, sondern auch ein paar neue Erkenntnisse, die sich jäh in mein Bewusstsein schlichen und sich dort breitmachten.

Bis zu diesem Zeitpunkt hatte ich mich selber eigentlich als völlig unauffällig eingeschätzt. Sicher, da waren ab und an diese seltsamen Fragen, wo ich denn «eigentlich herkomme» und ob man mein Haar anfassen dürfe. Und wenn ich in den Badezimmerspiegel sah, war ich kurz überrascht, wie anders als meine Freunde ich aussah, vergaß es dann aber schnell wieder. Doch jetzt, nach diesem Streit im Wald, bei dem ich mich völlig allein gefühlt hatte, wurde mir mein Anderssein mehr und mehr bewusst.

Eine weitere Begebenheit verstärkte meine Unruhe: Es war ein verregneter Nachmittag am Ende des Sommers, als Marias Vater uns Kindern stolz seinen ersten Super-8-Film präsentierte, den er mit seiner neuen Filmausrüstung gedreht hatte, während wir auf der Wiese gespielt hatten.

Gebannt saß ich in dem abgedunkelten Wohnzimmer vor der Leinwand, die über der Blümchentapete ausgerollt war, hörte das Rattern der Filmrolle und bestaunte die bunten, bewegten Bilder, auf denen Maria, ich und ein paar andere Nachbarskinder Pferdchen mit einer Trense aus Wollschnüren spielten.

Das allein war schon eine Sensation. Der selbstgedrehte Film erschien uns wie ein Wunder, doch noch mehr bestaunte ich auf der Leinwand das fröhliche Mädchen mit den Zöpfen.

War das ich? Sah ich denn wirklich so anders aus als alle anderen?

«Können wir das noch einmal sehen?», bat ich, als der Film nach wenigen Minuten bereits zu Ende war.

«Aber klar», sagte Marias Vater, «schon klasse mit diesem Super-8-Film, was? Das ist die Zukunft, Mädels!»

Wieder und wieder wollte ich den Film sehen, und es war nicht, wie alle dachten, die Faszination darüber, mich selbst zum ersten Mal auf Leinwand zu sehen, sondern vielmehr die schlagartige Erkenntnis, dass ich mich so deutlich von den anderen unterschied.

Von nun an lebte ich mehr und mehr mit der stillen Gewissheit, nicht zu sein wie meine Freunde und eine verschwommene, lückenhafte Geschichte zu haben, die mich von den anderen Kindern unterschied. Während mein Blick auf die Welt mir alle Menschen als einheitlich weiß darstellte, wodurch sie in dieser Hinsicht homogen erschien, war ich für die anderen unweigerlich ein kleiner brauner Punkt unter all den weißen, mit einer ganz anderen, geheimnisvollen Herkunftsgeschichte.

Mit niemandem traute ich mich darüber zu reden, auch nicht mit meiner Mutter, da sich an dieses Thema unweigerlich wieder die Vater-Frage anschloss. Deshalb versuchte ich, all diese Gedanken in irgendwelche entlegenen Winkel meiner Seele zu schieben, so gut es eben ging.

DER ERNST DES LEBENS

Es war ein Augusttag im Jahr 1970, als ich in die erste Klasse kam. Mit der linken Hand stolz meine Schultüte mit ihrer Spitze aus funkelndem Goldpapier umfassend, mit der rechten die frischmanikürte Hand meiner Mutter, schritt ich mit einem flauen Gefühl in der Magengegend zur Dorfschule. Mein neuer Trägerrock über den langen strahlend weißen Strümpfen, die ordentlich bis unter die Knie hochgezogen waren, schwang bei jedem Schritt hin und her.

In der Mitte des Schulhofs stand das riesige Backsteingebäude, dessen große Flügeltüren weit geöffnet waren. Nur wenige Schritte noch, dann würde der «Ernst des Lebens» beginnen. Das hatte mir meine Mutter am Vorabend beim Zubettgehen gesagt: «Morgen beginnt für dich der Ernst des Lebens!» Ein Lebensernst, den der triste, komplett asphaltierte Schulhof eindrucksvoll untermalte.

Da ich nicht in den Kindergarten gegangen war, war die Einschulung für mich doppelt aufregend. Bald würde ich jeden Morgen mit dreißig Kindern in einem Klassenraum hocken – «stillsitzen», wie mir Hans eingebläut hatte –, immer unter der Kontrolle eines Lehrers oder einer Lehrerin. War es nicht viel zu eng dort? Und was, wenn ich mal zur Toilette musste?

Während wir zwischen den Dutzenden Kindern und Müttern warteten – Väter waren keine zu sehen –, hielt ich vergeblich nach Maria Ausschau, die, ein knappes Jahr älter, mit mir in eine Klasse gehen würde. Plötzlich bemerkte ich, dass einige Mütter uns neugierig fixierten, ja manche sogar dabei tuschelten. Klar, dachte ich, die Blicke galten meiner Mutter, so strahlend schön, wie sie wieder war, mit ihren schwindelerregend hohen Pumps und dem hochtoupierten Haar.

Zwei Lehrer, eine Lehrerin und die Direktorin traten aus dem Schultor auf den Hof. Die Lehrer riefen die Namen der Schüler auf, die sich in Zweierreihen vor ihnen aufbauen sollten. Ich hatte auf das freundlich lächelnde brünette Fräulein in der Spitzenbluse gehofft, aber meinen Namen rief ein grauhaariger, bleistiftdünner Herr in karierter Anzugjacke auf, der sich als Herr Beser vorstellte. Mit klopfendem Herzen ließ ich die Hand meiner Mutter los und begab mich in die Reihe zu den anderen. Neben mir stand ein kleines, zartes Mädchen, auf dessen Kopf ein honiggelber Dutt thronte.

«Ich heiße Susanne, und du?» Ihre blauen Augen funkelten mich neugierig an.

«Jutta», flüsterte ich, da ich nicht wusste, ob reden jetzt noch erlaubt war. Meine Mutter hatte mir eingeimpft, dass man in der Schule mucksmäuschenstill sein musste. Susanne schien von dieser Regel nichts zu wissen, denn sie plapperte munter weiter: «Warst du in Spanien?»

«Nein, wieso?»

«Also, ich war mal in Spanien, und danach war ich fast so braun wie du!» Sie grinste breit und versuchte, mit ihrer rosigen freien Hand meine Wange zu berühren.

«Ich bin so braun geboren!», schoss es aus mir heraus, während ich einen Schritt zurückwich, um zu vermeiden, dass Susanne mir über die Wange streicheln konnte. Ich beschloss, niemals ihre Freundin zu werden und sie für alle Zeit blöd zu finden.

«Ruhe bitte!», durchschnitt die strenge Stimme der Direktorin die Luft. Dann folgten wir im Gänsemarsch unserem neuen, gehstockschwingenden Lehrer hinein in den Klassenraum.

Bänke und Tische standen in ordentlichen Reihen hintereinander. Zum Glück durfte ich neben Maria sitzen, die ich endlich auf dem Gang zum Klassenraum zwei Reihen vor mir entdeckt hatte. Fasziniert betrachtete ich die kleinen Herzen und Blumen, die in die Tische geritzt waren, außerdem «Jürgen ist doof» und «Petra + Markus». Zum ersten Mal stieg mir dieser spezielle Geruch in die Nase, den ich noch heute mit der Schulzeit verbinde: eine Mischung aus Bohnerwachs, Linoleum und feuchtem Kreideschwamm.

Eindeutig das Aufregendste befand sich jedoch an der Wand ganz hinten: ein großes Klavier aus dunklem Holz, majestätisch und wunderschön. Völlig gebannt starrte ich es an. Ich hatte noch nie zuvor ein Klavier gesehen.

Herr Beser fragte, ob jemand vielleicht spielen könne, und sah suchend durch den Klassenraum. Eine einzige Hand schoss in die Höhe: die rosige, zarte Hand meiner neuen Mitschülerin Susanne. Ihre Aufgabe war es, für den Morgengesang ein C anzugeben. Zielsicher schritt sie zum Klavier. Für mich sahen alle Tasten gleich aus. Sie aber schlug die richtige an! Wie machte sie das nur? Hatte sie so ein Klavier zu Hause? Vielleicht sollte ich doch Susannes Freundin werden, überlegte ich.

Dann sangen wir «Es führt über den Main eine Brücke von Stein ...» Herr Beser begleitete uns dabei auf den Tasten. Es klang so schön, dass ich sofort eine Gänsehaut bekam. Von diesem Moment an träumte ich davon, Klavierspielen zu können.

Nach unseren ersten zwei Schulstunden war der Schultag

82

bereits wieder zu Ende. Ich hatte irgendwie gehofft, dass meine Mutter noch immer auf dem Hof stünde, aber alle Eltern waren schon fort. Maria und ich wollten gerade gehen, als mir ein kräftiger Junge, der bestimmt schon in der vierten Klasse war, auf die Schulter tippte: «He! Wie heißt du?»

«Jutta», sagte ich leise.

«Jutta? Wieso denn Jutta? Das passt doch gar nicht zu dir», sagte er grinsend, dann biss er in sein dickes Wurstbrot. Ich betrachtete die Schweißperlen auf seiner Nase und wusste nicht, was ich erwidern sollte.

«Wie soll sie denn sonst heißen? Lumumba, oder was?», mischte sich Maria ins Gespräch ein, ihre grünen Augen blitzten den Jungen böse an. Dann nahm sie mich bei der Hand und zog mich hinter sich fort, durchs ganze Dorf bis nach Hause.

«Mama, ich möchte Klavier spielen!», eröffnete ich meiner Mutter gleich in der Wohnungstür.

«Ach du meine Güte, du willst was?» Verblüfft kräuselte sie ihre Stirn. Dann besann sie sich, lächelte, als dachte sie gerade an den ein oder anderen atemberaubend guten Jazz-Pianisten damals in den schummrigen Bars.

«Hör mal, Juschi», sagte sie dann zögerlich. «Jetzt hast du erst mal genug mit der Schule zu tun. Außerdem sind wir momentan ziemlich knapp bei Kasse. Du weißt doch, dass es mit Hans' Laden gerade nicht so gut läuft. Jetzt geh erst mal brav zur Grundschule. Und wenn du es in ein paar Jahren aufs Gymnasium schaffst, können wir darüber reden.»

Damit war das Thema fürs Erste vom Tisch, und so blieb mir nur, von nun an ehrfürchtig vor dem Klavier in meinem Klassenraum zu stehen. Jeden Morgen betrachtete ich die verwirrende Vielzahl an gleich aussehenden Tasten, die ich eines

fernen Tages vielleicht beherrschen und unterscheiden können würde. Bis dahin musste ich gute Noten bekommen und
meine Hausaufgaben machen. Und so wurde die Aussicht auf
ein Klavier für mich ein größerer Ansporn zu lernen, als alle
Fleißstempelchen der Lehrer zusammen.

ZU VIEL LAKRITZ

Wie das Familienleben und die Bepflanzung der Vorgärten, so unterlagen in unserem Dorf auch die Wochentage klaren Gesetzmäßigkeiten. Am Freitag gab es Fisch, am Samstag wuschen die Männer ihre Autos, ehe sie am Sonntag ihre Familien spazieren führten, egal ob es stürmte, schneite oder die Sonne brütend heiß vom Himmel brannte.

Es war ein milder Tag im September. Meine Mutter trug Mantel und Stöckelschuhe, das Haar sorgfältig hochgesteckt. Hans hatte seine Alltagsjacke gegen den beige-braunen Wildlederblouson eingetauscht, den er zu Hemd und Anzughose trug, und auch wir Kinder führten unsere besten Sonntagskleider spazieren: Mein zweijähriger Bruder sein Cordjackett, das er hasste, weil es ihn im Nacken kratzte, und ich den himmelblauen Dufflecoat über meinem dunkelblauen Faltenröckchen. Meine Mutter schritt vorne rechts, mein Stiefvater vorne links. So war es immer: Hans links und mein Bruder hinter ihm, und ich hinter meiner Mutter, genau wie in unserem Peugeot.

Wir spazierten an den geschlossenen Dorfgeschäften vorbei. Meine Mutter bestaunte die elektrischen Dosenöffner im Schaufenster von Elektro Jahnke. Hans marschierte schimpfend und mit hoch erhobenem Kopf an den grellbunten Werbeplakaten vorbei, die die baldige Eröffnung eines Allkauf-Supermarktes am Ortsrand anpriesen.

Kurz hinter dem Dorfplatz begegneten wir einem älteren Ehepaar, das ich noch nie gesehen hatte, welches Hans aber flüchtig kannte. Die Frau war groß und schlank, und auf ihren Locken thronte ein geblümter Schlapphut, der dasselbe Muster hatte wie ihr Kleid, dessen Kragen unter ihrem Mantel hervorlugte. Ihr Mann war klein und trug ein kariertes Jackett, dessen Knöpfe über seinem Bauch kräftig spannten. Das Faszinierendste an ihm aber war seine nahezu kahle Stirn, über die ein paar einzelne Haarsträhnen hingen, quer über den fast haarlosen Kopf hinweg von einem Ohr zum anderen drapiert. So etwas hatte ich noch nie gesehen.

Die Faszination schien auf Gegenseitigkeit zu beruhen, denn auch er schaute mich neugierig an, ehe er in schönstem rheinischem Plattdeutsch meinen Stiefvater ansprach: «Sach mal, Hans, wie kann et denn, dat dat Mädschen so dunkel is?»

Meine Ohren wurden heiß, mein Herz klopfte schneller. Ich sah zu meiner Mutter. Ihre Augen funkelten den Wicht böse an, als habe er gerade nicht über ihr Kind, sondern über ihr Hinterteil gesprochen.

Doch sie konnte so viel funkeln, wie sie wollte, der Mann sah nur meinen Stiefvater an. Alle sahen jetzt meinen Stiefvater an. Hans' Lippen gerieten ein wenig ins Rutschen, seine Augenbrauen zuckten, als probierte er für ein Theaterstück gerade ein paar Gesichtsausdrücke aus. Dann verzog er den Mund zu einem leicht spöttischen Grinsen, sah seinem Gegenüber fest in die Augen und sagte: «Ja, dat muss daran liegen, dat min Frau in der Schwangerschaft zu viel Lakritz jejessen het!»

Der Glatzkopf grinste verdutzt, schaute mich noch einmal stirnrunzelnd an, wobei sich eine der Haarsträhnen über seiner Halbglatze löste.

«Wenn se mins», murmelte er, «un dat soll man glüwe!»

Dann wünschte er uns allen noch einen schönen Tag und stiefelte mit mürrischem Blick von dannen.

Den Weg nach Hause marschierte Hans ganz stumm. Selbst als wir wieder an den Werbeplakaten für den neuen Supermarkt vorbeigingen, sagte er kein Wort.

DIE SCHWARZEN HERREN

Diese verdammte Allkauf-Bande! Die machen uns die Preise kaputt!», donnerte Hans ein paar Monate später beim Abendbrot, den zusammengeknüllten Hochglanzprospekt des Supermarktes in der geballten Faust.

Still saß ich da, kaute mein Graubrot mit Heringsfilet in Tomatensoße aus der Dose und hörte meinen Stiefvater lautstark fluchen. Wie inzwischen fast jeden Abend. Ich stellte mir ein paar mächtige Männer in schicken schwarzen Anzügen vor, die zusammen um einen runden Tisch saßen und sich überlegten, wie sie alle Menschen dazu bringen könnten, nur noch in ihrem Supermarkt und nicht mehr bei uns einzukaufen. Die schwarzen Herren bestachen die Kinder mit Luftballons und Süßigkeiten, um sie und damit ihre Eltern auf ihre Seite zu ziehen. Allkauf, dachte ich, wie das schon klang: wie Allmacht oder Alligator, böse und gemein.

Tatsächlich war meine kindliche Vorstellung gar nicht so weit von der Realität entfernt. Die späten sechziger und frühen siebziger Jahre waren die Zeit des Siegeszugs der Supermärkte. In rasendem Tempo breiteten sie sich in ganz Deutschland aus und machten auch vor unserem Dorf nicht halt, in dem «Lebensmittel Lüdemann» bisher unangefochten regiert hatte.

«Aber reingucken wird man wohl doch dürfen», sagte meine Mutter, nahm Hans den Prospekt sanft aus der Hand und strich die zerknitterten Seiten glatt. Stumm saß sie darübergebeugt und in die neue Warenwelt versunken da. Dann weiteten sich ihre Augen.

«Mensch, Hans, da können wir nicht mithalten. Wir können einpacken! Wurst und Käse sind günstiger, als wir sie im Einkauf bekommen. Und, ach du meine Güte, diese Drogerieartikel, traumhaft! Die haben meine ganze Pflegeserie!»

«Und Spielsachen und Fußballschuhe!», rief Mats, mein mittlerweile dreijähriger Bruder, und klatschte in die Hände. «Können wir da mal hin? Bitte, bitte!»

Ich sagte nichts und hielt den Blick von dem Prospekt lieber fern, als handle es sich um eines dieser Hefte, das die Zeugen Jehovas uns an der Haustür andrehen wollten.

Nichts wünschte ich mir sehnlicher, als dass wir unseren Laden behalten konnten. Die schwarzen Herren schienen selbst meine Mutter und Mats allmählich zu verhexen.

«Ihr seid wohl nicht ganz bei Trost!», polterte Hans und schlug mit der flachen Hand auf den Tisch. «Die eigene Familie fällt einem in den Rücken! Diese Halsabschneider bekommen von uns keinen Pfennig! Das wär ja noch schöner: Die drehen uns den Hahn ab, und wir bringen denen auch noch das bisschen Geld, das uns übrig bleibt! Wer von euch da einkaufen geht, den setze ich eigenhändig vor die Tür! Basta!»

Wenn ich abends meine Eltern im Wohnzimmer angestrengt murmeln hörte, war klar, worum es ging.

«Tankstelle: dreißig Mark ... Schuhladen Reinders: achtzig Mark ... Haarsalon Schön: dreißig Mark ... Dessous- und Wäscheladen Schmitz: sechzig Mark ...»

Blatt für Blatt gingen sie wieder Mutters Haushaltsheft durch, in dem sie alle Ausgaben notierte. Das versprach nichts Gutes. Seit Eröffnung des Supermarktes war unsere finanzielle Situation mehr als angespannt.

«Sechzig Mark hast du wieder bei Schmitz für Unterwäsche

ausgegeben?», empörte sich Hans. «Die rollen dir da bald den roten Teppich aus!»

«Jetzt mach aber mal 'nen Punkt. Soll ich Baumwollschlüpfer vom Wühltisch tragen, oder was?», konterte meine Mutter.

«Wenn du das Geld weiter so aus dem Fenster wirfst, musst du selber arbeiten gehen! Dann merkst du mal, wie schwer es ist, an das Geld anderer Leute zu kommen.»

«*Du* bist doch hier der Pascha, der im Haushalt keinen Finger rührt. Wenn du nur ein bisschen mitmachen würdest, würde ich schon längst wieder arbeiten gehen!»

Ich hasste diese Dispute um Geld, aber niemand hasste sie so sehr wie meine Mutter, das verriet ihr eisiger Blick. Ja, hatte sie denn ihr selbstbestimmtes Leben für diesen sturen Geizkragen mit seinem übertriebenen Sicherheitswahn aufgegeben, um sich jetzt andauernd erniedrigen lassen und rechtfertigen zu müssen?

Meine Mutter rächte sich auf ihre Weise.

«Kommt, Kinder, heute fahren wir zu Allkauf!»

Ich hatte die Hausaufgaben erst halb fertig, da stand meine Mutter bereits voller Tatendrang vor mir am Küchentisch, in ihren Schlaghosen, dem knallengen Shirt und den schwarzen Pumps.

«Zu ... Allkauf?» Ich sprach den Namen des Erzrivalen so stockend aus, als hätte sie gefragt, ob wir zusammen eine Bank ausrauben wollten.

«Aber wenn Papa das ...»

«Papperlapapp!», sagte meine Mutter. «Man muss seine Feinde kennen, versteht ihr? Und vielleicht können wir uns ja dort das ein oder andere abschauen.» Verschwörerisch senkte sie die Stimme. «Wir sind in geheimer Mission unterwegs, um die Konkurrenz besser einschätzen zu können. Aber zu Papa kein Wort!»

Irgendwo auf diesem überdimensionalen Parkplatz, endlos weit vom Supermarkt entfernt, stellten wir unser Auto ab, irrten auf den Eingang zu, und standen ratlos davor.

«Herrje, wo ist denn der Türgriff?», grübelte meine Mutter. Wir machten einen weiteren Schritt, und die Tür öffnete sich wie von Zauberhand ganz ohne unser Zutun.

«Wahnsinn! Noch mal!», jubelte Mats.

Begeistert von der magischen Tür, verließen und betraten wir den Eingangsbereich gleich ein Dutzend Mal. Dann standen wir in der gigantischen Verkaufshalle. Bis zu jenem Moment hatte ich immer gedacht, dass es in Hans' Laden nahezu alles gab. Ich hatte nicht im Geringsten gewusst, was das Wort «alles» alles umfassen konnte.

Auf eine Abteilung mit Kleidung folgten Schallplatten, Bücher, Gänge voller Haushaltswaren, nur noch übertrumpft von der gigantischen Lebensmittelabteilung mit einer endlosen Batterie voller Tiefkühltruhen. Ein riesiger Raum war voller Obst und Gemüse, das jedoch nicht ordentlich gestapelt war wie in unserem Laden, sondern lose in großen Kästen lag, in denen die Kunden wühlten.

Gut, dass Hans nicht dabei war, dachte ich. Es hätte ihm das Herz gebrochen. «Mit Obst muss man vorsichtig umgehen», hatte er uns eingebläut, «so vorsichtig wie mit rohen Eiern. Nur so bleibt es frisch und appetitlich.» Hans suchte immer selber das gewünschte Obst oder Gemüse für die Kunden heraus und legte es mit Bedacht in eine braune Papiertüte.

«Das Pfund Möhren für neunundvierzig Pfennig, ist ja nicht zu fassen!», rief meine Mutter. «Toll hier, wirklich toll! Ich meine, ja, schon traurig, unser armer Laden … aber auch toll!» Begeistert schaufelte sie unseren Einkaufswagen voll, als uns plötzlich auffiel, dass Mats nicht mehr da war. Wir rannten in entgegengesetzte Richtungen los. Ich fand ihn, zwischen zwei Regalen hockend, mit einem Paar Fußballschuhen in der Hand, selig glucksend: «In meiner Größe! Mit echten Stollen!» Allkauf war für Mats von nun an das Paradies.

Ich hingegen war hin- und hergerissen. Dann erblickte ich ein Regal voller Puppen. Auch eine «Negerpuppe» war darunter, eine Kunststoffpuppe mit dunkler Haut und dichten schwarzen Locken, die ich mir sehnlichst wünschte, aber ich ging nicht hin. Und als ich glaubte, zwischen zwei Regalen einen grinsenden Herrn im schwarzen Anzug zu entdecken, der uns triumphierend zuwinkte, zupfte ich meine Mutter am Ärmel und sagte: «Lass uns bitte gehen!»

Mit unserer prallvollen Allkauf-Plastiktüte liefen wir zurück Richtung Auto, wobei sich ein weiteres Problem ergab: Wir hatten nicht die geringste Ahnung, wo wir es auf diesem riesigen Parkplatz abgestellt hatten. Erst nach einer gefühlten Ewigkeit fanden wir es wieder.

Am Steuer streifte meine Mutter wie immer ihre Highheels von den rot lackierten Zehen und rief: «Ach, ihr zwei, das hat Spaß gemacht! Stimmt's?»

Während Mats ein «Ja, und wie!» jauchzte, murmelte ich leise «Mmmhh», dann biss ich in meine frischgekaufte Banane. Sie schmeckte nicht annähernd so gut wie die aus unserem Laden.

EINE SCHMERZHAFTE ENTSCHEIDUNG

Immer weniger Leute kamen zu «Lebensmittel Lüdemann». Am Schaufenster stehend, sah Hans mit an, wie sich die Dorfbewohner seinem Laden näherten ... und vorbeigingen. Manche schlichen mit gesenktem Blick an unserer Ladentür vorbei, als wollten sie bloß nicht beim «Fremdgehen» ertappt werden. Andere winkten fröhlich durch die Scheibe, als ahnten sie nicht, welches Schicksal uns drohte.

Als ich in die dritte Klasse kam, kauften die Dorfbewohner bei uns fast nur noch jene Artikel ein, die sie beim Großeinkauf im Supermarkt vergessen hatten.

«Tachchen, Hans! Ja, war lange nicht mehr hier», sagten sie und legten zwei Liter Milch, ein Pfund Mehl und ein Viertel Pfund Butter auf das Band an der Kasse. «Und sach mal, hast du noch ein Tütchen Backpulver? Aber wirklich nur eins.»

Nach und nach blieb ein sorgsam umhegter Stammkunde nach dem anderen weg. Irgendwann kamen fast nur noch alte Leute zu uns. Grauhaarige Rentner mit Gehstöcken schlichen durch den Laden. Und schließlich verschwanden auch sie.

«Guten Tag, Frau Rosenmeyer!», rief Hans einer weißhaarigen Dame auf der anderen Straßenseite zu. «Schicke Frisur, ich muss schon sagen. Was machen die Enkel? Und sagen Sie, soll ich Ihnen mal wieder was vorbeibringen?»

«Och, das ist lieb von Ihnen, Herr Lüdemann, aber nicht nötig. Mein Enkel fährt jetzt einmal pro Woche für mich zu Allkauf.»

Auch meine Mutter ging immer freimütiger zum Supermarkt, wie eine tollkühne Ehefrau, die ihre Seitensprünge in aller Offenherzigkeit auslebt. Obwohl ich sonst immer bedingungslos auf ihrer Seite stand, fand ich ihr Verhalten nicht fair. Heute glaube ich, es war für sie die einzige Möglichkeit, ihrem Ehemann seine Wutausbrüche und Beschimpfungen auf elegante Art heimzuzahlen.

Es war unverkennbar, dass Hans in diesen Monaten immer stiller wurde und deutlich weniger lachte. Dafür kehrte er jetzt öfter nach Ladenschluss in «Erna's Eck» ein und kam kampfeslustig und über jede Kleinigkeit fluchend nach Hause zurück. Seine verbalen Ausfälle nahmen immer mehr zu. Vor allem gegenüber meiner Mutter. Ein Dauerstreitthema war das Mittagessen. Hans war ein anspruchsvoller Esser. Mittags bestand er auf Fleisch, und zwar richtiges Fleisch, keine Würstchen oder Frikadellen.

«Ich hasse es, auf Zwiebelstücke zu beißen, und wenn ich Brot will, mache ich mir 'ne Stulle. Dieses Gematsche brauchst du mir nicht noch mal vorzusetzen! Das kann ja kein Mensch essen. Morgen will ich ein richtiges Kotelett. Das kann doch nicht so schwer sein!»

Wenn es ums Essen ging, hatte Hans nahezu autistische Züge. Alles musste genau so schmecken wie immer. «Currypulver über die Hähnchenschenkel? Wo bin ich denn hier, in Kalkutta, oder was?»

Schließlich traf Hans eine Entscheidung. Es muss ihn grenzenlos geschmerzt haben, denn es beraubte ihn ein großes Stück weit seiner Identität und Autonomie, aber es gab keinen anderen Ausweg.

«Hört mir mal zu. Ich muss den Laden verkaufen», verkündete er eines Tages beim Mittagessen.

Sofort kehrte eine bedrückte Stille ein, obwohl wir es schon lange geahnt hatten. Für mich brach in diesem Moment eine Welt zusammen. Der Laden war mein zweites Zuhause gewesen, die Warenkammer, das Kabuff, ein vertrauter Rückzugsort. Ich dachte an den Geruch von frisch aufgeschnittener Wurst, an das Versteckspielen zwischen den Regalen nach Ladenschluss, das fröhliche Bimmeln der Ladenglocke und kämpfte mit den Tränen.

«Und noch etwas», sagte Hans. «Ich habe bereits eine neue Arbeitsstelle. Ab April verkaufe ich etwas anderes.»

«Was denn?», fragte ich.

«Damenstrumpfhosen», sagte Hans ernst.

Mats und ich starrten ihn an.

«Jetzt guckt mich bloß nicht so frech an!», rief er und warf seine Serviette nach uns. «Ihr müsst überhaupt erst einmal etwas leisten! Was wisst ihr schon vom Leben? Gar nichts. Ihr seid noch grün hinter den Ohren, verdammt noch mal!»

Zwei Monate nach dem auch finanziell verlustreichen Verkauf des Ladens, der bald darauf zu einer Taxizentrale umgebaut wurde, trat Hans seine neue Stelle als Handelsvertreter für Seidenstrumpfhosen an. Seine Aufgabe war es, die Kaufhäuser der Umgebung abzuklappern, die hauchzarte Ware anzupreisen und Bestellungen, die bei der Firma eingegangen waren, an die Läden zu liefern.

Jeden Mittag fuhr er nun in dem riesigen strahlend weißen Firmenlieferwagen vor unserem Mietshaus vor, auf dessen Seitenwand in fliederfarbenen, geschwungenen Buchstaben «Strumpfhosen aus Seide – zart wie Geschmeide» stand.

Manchmal durften Mats und ich ein paar Straßenzüge mitfahren, vorne auf der breiten Sitzbank oder hinten im Laderaum, zwischen aberhundert Strumpfhosen-Packungen. Ich liebte es, die Schriftzüge darauf zu entziffern, von «Strumpfhosen zum Erfolgs-Jubel-Preis» bis «Jung und glatt wie Evas

Apfel», und bestaunte stundenlang die Werbebilder. Manches fand ich sehr seltsam.

«Papa, warum haben die Frauen auf den Packungen unter der durchsichtigen Strumpfhose denn gar keine Unterhose drunter?»

Hans stand an die Transportertür gelehnt und rauchte seine letzte Zigarette, bereit zur Nachmittagsschicht.

«Na, in eine gute Strumpfhose ist eine Baumwolleinlage mit eingearbeitet», erklärte er fachmännisch. «Da braucht man keine Unterhose. Ist doch praktisch.»

«Und warum steht auf fast allen Packungen ‹hautfarben›?»

«Na, weil das die Farbe unser Haut ist, du Schlaumeier!»

Ich sah ihn an.

Er sah mich an.

Dann wurde er rot und starrte auf seine frischpolierten Schuhspitzen. «Ach ja, was weiß ich. Werbefritzen! Schreiben halt irgendwas drauf», murmelte er und setzte sich ans Steuer.

Mit Hans' neuer Arbeit verbesserte sich unsere finanzielle Lage schlagartig. Meine Mutter musste nicht mehr jede Geldausgabe rechtfertigen, und so ebbten auch die vielen Streits ab, zumindest für ein paar Monate. Uns allen schien es, als fügte sich Hans voller Elan und recht erfolgreich in seine neue Rolle als Handelsvertreter ein. Mit seinem gezielten, professionellen Lächeln, welches auf mich nie ganz echt wirkte, weil seine Augen dabei den gleichen stechenden, leicht verächtlichen Ausdruck hatten wie sonst, bezirzte er jetzt nicht mehr Stammkunden, sondern Abteilungleiter. In seinem Blick konnte man, wenn man genau hinsah, jetzt jedoch noch etwas Neues entdecken, etwas Gebrochenes, Gehetztes. Seine neue Arbeit betrieb er ohne die alte innere Anteilnahme, ohne jede Leidenschaft. Es war nicht mehr sein eigener Laden, es waren die Ware und der Transporter eines fremden Arbeitgebers. Ja, genau genommen war es gar kein Laden mehr. Hans' neue Arbeit war ortlos, zwischen allen Stühlen und nirgendwo verankert, so wie mehr und mehr er selbst. Gleichzeitig erscheint er mir rückblickend wie ein Tiger im Käfig, seiner Selbstbestimmtheit und damit seiner Freiheit beraubt und vom Leben tief enttäuscht.

DAVID

Und plötzlich trat David in mein Leben. Ich war zehn Jahre alt und lief nach der Schule an den üppig blühenden Frühlingsfeldern vorbei nach Hause, als ich, nur ein paar Meter von unserem Haus entfernt, wie vom Donner gerührt stehen blieb. Am Straßenrand, zwischen den Grasbüscheln und dem leuchtend gelben Löwenzahn, hockte ein kleiner Junge und sammelte Kieselsteine auf. Und dieser kleine Junge war schwarz und hatte dichte schwarze Locken.

Er war das erste dunkelhäutige Kind, das ich in meinem Leben traf.

«Hallo», sagte ich, bemüht, gefasst zu wirken und den niedlichen Kleinen nicht gleich auf den Arm zu nehmen. «Ich heiße Jutta. Und du?»

«David», sagte der Junge und blinzelte mich an, dann stopfte er weiter Kieselsteine in seine Hosentaschen. Höchstens vier Jahre alt, schien er die Tragweite unseres Zusammentreffens noch gar nicht zu begreifen.

«So viele Steine», sagte ich, um irgendwas zu sagen.

Dann sah er mich wieder an und betrachtete mich noch einmal genau von oben bis unten. Sein großer, herzförmiger Mund mit seinen breiten Lippen formte sich zu einem Grinsen.

«Wie du aussiehst», sagte er.

«Ach ja? Und wie?», fragte ich.

«Na, so wie ich», sagte er.

«Hmm, stimmt», entgegnete ich.

«Bist du meine Schwester?», fragte er und legte dabei seine kleine breite Nase in niedliche Falten.

«Nein.»

«Sicher?», hakte er nach.

«Ganz sicher.»

«Weil ich nämlich eine Schwester habe, haben mir meine Eltern gesagt», erzählte er drauflos. «Sie war mit mir im Kinderheim, aber jetzt lebt sie woanders. Guck mal, die Steine sind für meinen Bagger. Soll ich ihn dir zeigen?»

Mein Gott, war er süß! Zu gerne hätte ich ihm durchs Haar gestrichen, wäre ihm vorsichtig mit den Fingerspitzen über die samtweiche Wange gefahren oder hätte ihn einfach nur lange staunend angeschaut – all das, was ich selber immer so hasste.

Seine großen braunen Kulleraugen sahen mich fragend an. «Bist du auch adoptiert?»

«Ich? Nein, wieso?»

«Meine Mama und mein Papa haben gestern mit mir gefeiert. Ich bin jetzt seit zwei Jahren bei ihnen. Vorher war ich in einem Heim mit ganz vielen anderen Kindern, die alle keine Mama und keinen Papa haben.»

«Nein, ich bin nicht adoptiert», sagte ich. «Na gut, mein Papa ist nicht so richtig mein Papa ... aber meine Mutter ist meine Mutter.»

«Meine Mama ist auch meine Mutter, oder?» Der Junge schaute mich unsicher an.

«Ja, natürlich», sagte ich schnell. Und um das Gespräch in eine weniger brisante Richtung zu lenken: «Wo wohnst du denn?»

Er zeigte über die Wiese auf die neue Reihenhaussiedlung, die sich mehr und mehr in die Felder fraß.

Von dem Tag an besuchte ich David jede Woche, spielte mit

ihm, band ihm die Schuhe, half ihm beim Marienkäfersammeln und bemutterte ihn wie meinen eigenen Bruder.

Ein Jahr später durfte ich sogar bei ihm babysitten. Zur Identifikation mit meiner dunkelhäutigen Seite trug David ganz erheblich bei. Ich sah mich teilweise in ihm und er sich in mir. Wir orientierten uns aneinander und waren füreinander da.

MOZART UND SCHOPÄNG

Von klein auf liebte ich Musik. Auf jedem Schulweg trällerte ich ein Kinderlied vor mich hin, bei jeder Autofahrt hoffte ich, dass Hans das Radio laut aufdrehte. Stammte diese Begeisterung vielleicht von meinem unbekannten Vater, fragte ich mich, diesem umjubelten Rockstar, der er in meinen Tagträumen war?

Andererseits saß bei meiner Mutter die Liebe zur Musik auch sehr tief. Wenn ich nach der Schule mit dem Fahrrad heimwärts fuhr, hörte ich schon hundert Meter vor unserem Haus das Wummern der Rock-Songs, die sie beim Kochen hörte. Dann wusste ich, dass meine Mutter bester Dinge war. Und wenn ihr das tägliche Einerlei allzu sehr auf die Nerven ging, genehmigte sie sich ein klitzekleines Gläschen Martini. Dann lief die Hausarbeit wie von selbst.

Wenn wir die Treppe hinaufliefen, hörten wir manchmal, wie unsere Nachbarin Frau Mischke im Erdgeschoss mit dem Besenstiel an die Zimmerdecke hämmerte und kurz darauf im ersten Stock die lautstark mitschmetternde Stimme unserer Mutter. So waren beide Frauen über Jahre ein eingespieltes Team.

Meine Mutter hatte sich geirrt, wenn sie vermutet oder gehofft hatte, dass mein Wunsch nach Klavierstunden nur eine vorübergehende Grille gewesen war. Meine Faszination hatte nicht nachgelassen. Im Gegenteil, mit zunehmendem Alter zog mich jedes Klavier magisch an. Zum ersten Mal machte

101

ich die Erfahrung, dass Musik glücklich und leicht machen und alles um mich herum verschwinden lassen konnte, dass sie tief berührte und irgendwie tröstete.

Auch die Rockmusik meiner Mutter hörte ich gern, aber wenn jemand sich an ein Klavier setzte und direkt neben mir spielte, war es etwas ganz anderes. Dann war ich in einer anderen Welt.

Meine Klassenkameradin Susanne besuchte ich deshalb so gern, weil sie zu Hause ein spiegelnd glänzendes schwarzes Klavier hatte. Auch ich durfte dort auf die Tasten drücken, und schon bald beherrschte ich den Flohwalzer.

Und dann war es so weit. Meine Mutter hielt ihr Wort. Als ich es auf das Gymnasium schaffte, durfte ich mich an der städtischen Musikschule anmelden.

Frau Barkmann, meine Klavierlehrerin, war eine grauhaarige, vornehme Dame. Einerseits war sie sanft und einfühlsam, andererseits unnachgiebig, wann immer ich mich verspielte, was in den ersten Jahren andauernd vorkam.

Ihr Unterrichtsraum war über und über dekoriert mit Porzellankatzen, einem stummen Publikum. Eine stand direkt auf dem Klavier und vibrierte bei manchen Tönen ganz leicht, so, als würde sie leise schnurren.

Mit ihren faltigen Fingern spielte Frau Barkmann mir die Stücke so kontemplativ und mit geschlossenen Augen vor, dass ich jedes Mal die Befürchtung hatte, sie wäre in einer anderen Welt und würde mich gar nicht mehr an die Tasten lassen.

Als meine Eltern einem Nachbarn am Ende der Straße auch noch günstig ein altes Klavier abkauften, war mein Glück perfekt. An dem Nachmittag, als das Instrument geliefert werden sollte, stand ich am Küchenfenster, wartete auf den Transporter und sah besorgt in die Wolken, die sich immer dunkler zusammenballten. Schließlich näherte sich der kleine Lieferwagen. «Entrümpelungen und Haushaltsauflösungen aller Art» war auf seine Seiten gedruckt.

«Mama, sie kommen!», rief ich. «Aber es regnet, hoffentlich geht das Holz nicht kaputt!»

«Ach was, die wissen schon, was sie tun», antwortete meine Mutter, die sich gerade die Fingernägel tiefrot lackiert hatte und mit Pusten und Schütteln die Trockenzeit zu verkürzen suchte.

Der Wagen hielt, zwei Männer kletterten heraus und machten sich an der Heckklappe zu schaffen. Mit hochroten Köpfen hievten sie laut ächzend das schwere, mit einer Decke geschützte Instrument das Treppenhaus herauf und stellten es auf den Flur.

Da stand es jetzt, mitten in unserer Wohnung: mein Klavier, so lackschwarz wie die Schallplatten meiner Mutter. Die Männer schoben den geräumigen Schatz geradewegs in unser Kinderzimmer. Dort thronte es majestätisch an der Wand zwischen den Kleiderschränken.

Ich klappte den Deckel hoch, strich ehrfürchtig über die kühlen, glatten Tasten. Leise spielte ich ein C, und dass das Klavier völlig verstimmt war, störte mich nicht im Geringsten. Minutenlang, ja vielleicht eine Stunde stand ich einfach nur sachte klimpernd davor, bis ich zumindest ein kleines bisschen begriff, dass es tatsächlich meins war.

Von diesem Tag an übte ich ständig.

Das Wiederholen der immer gleichen Takte, an denen ich beim Proben hängenblieb, nervte jedoch nicht nur die Nachbarn, sondern auch meine Eltern zunehmend. Vor allem Hans. Immer wieder steckte er den Kopf durch die Zimmertür und maulte: «Also, ich habe nicht viel Ahnung von Musik, aber ich kann jeden falschen Ton heraushören», oder: «Genug geklim-

103

pert! Das klingt ja fast so schief wie die Hottentottenmusik deiner Mutter!»

Seine Meckerei hielt jedoch nur an, solange wir vier unter uns waren. Sobald jemand uns besuchte, und sei es nur der Klempner, legte mir Hans stolz seine kräftigen Hände auf die Schultern und verkündete: «Komm, Jutta, zeig mal, was du gelernt hast. Spiel mal ‹Für Elfriede›!»

«‹Für Elise› heißt das», flüsterte meine Mutter.

«Dann eben ‹Elise›! Mozart, Schopäng, egal. Spiel mal ohne Noten!»

Ich fühlte mich aber nicht sicher genug, um vorzuspielen, und kam mir albern dabei vor, wie ein Tanzäffchen, das vorgeführt wurde.

«Ich habe nicht genug geübt», murmelte ich und huschte zurück ins Kinderzimmer.

«Jetzt hör mir mal zu, Frollein», nahm mich Hans zur Brust, sobald der Handwerker wieder fort war. «Weißt du, wie teuer deine Klavierstunden sind? Und weißt du, wer das bezahlt? Da ist es doch wohl nicht zu viel verlangt, mal etwas hören zu wollen!»

Nach einem Jahr Klavierunterricht hatte ich in der Musikschule mein erstes Vorspiel. Ich suchte mir meine schönsten Anziehsachen heraus und sehe mich auch heute, in meiner Erinnerung, genau vor mir: rostbrauner Glockenrock, weiße Rüschenbluse, die Haare zu einem dicken Zopf geflochten.

«Toi, toi, toi, meine Süße!», sagte meine Mutter, in meiner Zimmertür stehend, mit einem halben Gläschen Portugieser Weißherbst. «Nimm's mir nicht übel, dass ich nicht mitkomme. Ich höre dir gerne zu, aber da müsste ich mich ja durch das ganze Programm quälen, nur um fünf Minuten lang dein Stück zu hören, das ich schon von zu Hause kenne. Nein, das ist nichts für mich.»

Ich war enttäuscht, dachte aber zugleich, wenn ich keinen kenne, ist es vielleicht auch nicht so schlimm, wenn ich mich verspiele. Aufgeregt radelte ich zur Musikschule.

Es wurde ein voller Erfolg. Beschwingt fuhr ich drei Stunden später wieder heim, in der Hand eine weiße Rose.

«Die hat Frau Barkmann uns geschenkt, weil wir alle so gut waren. Und ich habe mich kein einziges Mal verspielt!», rief ich schon im Wohnungsflur.

«Nicht verspielt? Na, das ist ja ein Wunder», murmelte Hans in seinem Sessel hinter der *Rheinischen Post*.

Am nächsten Tag erschien im Lokalteil der Zeitung sogar ein kleiner Bericht. Und auf dem Foto abgebildet war: ich! Ich war in der Zeitung!

Die Bildunterschrift lautete: «Musik überwindet Grenzen: In der Klavierklasse von Frau Barkmann spielten Schüler unterschiedlichster Herkunft einig miteinander. Auf dem Foto der dunkle Lockenkopf Jutta neben dem Blondschopf Jürgen.»

«Pffff, diese Zeitungsfritzen! Was schreiben die für einen Blödsinn», seufzte meine Mutter, hängte den Ausschnitt dann aber doch an die Korkpinnwand im Flur, zwischen Mats' Fußball-Urkunde und das brandneue Küchenrezept für Toast Hawaii.

LORD, HAVE MERCY ON ME

In der sechsten Klasse des Gymnasiums meldete ich mich im Gospelchor an. Das war ziemlich progressiv für das Jahr 1975. Der Chorleiter war ein schwarz gelockter Musiklehrer mit einer Vorliebe für farbenfrohe Hosen und schwarze Musik. Er stand in der Tür des Chorraums und winkte alle Schüler lächelnd herein. Als ich die Tür passieren wollte, strahlte er übers ganze Gesicht: «Hey, toll, dass du mitmachst! Wie heißt du?»

«Jutta.»

«Jutta! Toll, wirklich klasse! Leute, hört mal alle her, das ist Jutta!» Und so gesellte ich mich zu den anderen vierzig blonden und braunhaarigen Chormitgliedern und schmetterte die Spirituals und Gospels aus Leibeskräften mit. So fetzige, schwungvolle Lieder hatte ich noch nie zuvor gesungen. Aufgekratzt trällerte ich die neuen Songs noch auf dem Heimweg vor mich hin: «Down by the Riverside» und «How Can I Face Life Without You».

Trotz meiner rudimentären Englischkenntnisse verstand ich bereits, dass Jesus den Leuten helfen sollte, ihr hartes Leben durchzustehen. Bis dahin hatte ich nichts über Sklaverei gewusst und war erschüttert, als der Chorleiter uns den Sinn der Gospels und Spirituals erklärte: Sie drückten eine tiefe Sehnsucht der wie Arbeitstiere behandelten schwarzen Sklaven aus – eine Sehnsucht nach einem besseren Leben in der Zukunft oder nach dem Tod.

Zu Hause schlug ich gleich unser Lexikon auf, blätterte mich vor bis «Sklaverei» und las: «Das Verfügen über Menschen als Sacheigentum zur Ausbeutung ihrer Arbeitskraft. Der Sklave ist bedingungslos seinem Herrn unterworfen.» Die Sklaven, las ich, waren in Amerika die Schwarzen gewesen, die man gewaltsam per Schiff aus Afrika dorthin gebracht hatte. Die Herren waren die Weißen.

Ich hatte nicht die geringste Ahnung, wie viel von dem auch ein Teil meiner Welt war, empfand aber schlagartig und mit voller Wucht die Ungerechtigkeit, die dahintersteckte. Und irgendwie spürte ich, dass all das irgendetwas mit mir zu tun hatte, dass diese Lieder ihren Ursprung in einem Teil meiner Kultur hatten, der Kultur meines Vaters. Ich verstand, dass es eine umfangreiche Geschichte von großer Wichtigkeit gab, von der ich bis dahin nichts geahnt hatte. Eine lange, schmerzvolle Geschichte, in deren Verlauf auch ich ein kleines Teilchen war. Ganz am Ende des Eintrags stand ein Satz, der mich stutzen ließ und noch lange in mir nachhallte: «Die wirtschaftliche Benachteiligung und soziale Diskriminierung der Neger konnte jedoch nicht beseitigt werden; ebenso ist ihre rechtliche und politische Gleichberechtigung bis heute nicht durchgesetzt.»

In meinem Duden schlug ich «Diskriminierung» nach und fand: «Herabsetzung durch Benachteiligung».

Darum ging es also! Ich gehörte zur Hälfte einer «Rasse» an, die weniger Rechte hatte, die über Jahrhunderte weniger wert gewesen war. Und das bis heute! Ich dachte an meinen Freund David, der so klein und putzig inzwischen gar nicht mehr war, sondern ein stolzes Schulkind. David ging im Nachbarort zur Schule, wo der Umgangston deutlich rauer war, und traf dort auf Kinder, die ihn wegen seiner Hautfarbe anpöbelten und schubsten. Erst gestern hatte er wieder mit einem blauen Auge vor unserer Wohnungstür gestanden.

Sosehr mich all dies beschäftigte, so wenig wagte ich es, mit irgendwem darüber zu sprechen, nicht einmal mit meiner Mutter. Im Gospelchor sang ich weiter jede Woche voller Leidenschaft «Lord, have mercy on me».

Außerdem ging ich von nun an jede Woche zur Stadtbücherei und verschlang dort alles, was ich über die Geschichte der Schwarzen fand: Sklaverei, Diskriminierung, Unterdrückung, gewalttätige Auseinandersetzungen und der Kampf um Gleichberechtigung. Ein paar Bücher nahm ich mir jedes Mal mit nach Hause und las, wo immer sich mir die Gelegenheit dazu bot.

Einmal schlug ich in der Straßenbahn «Onkel Toms Hütte» von Harriet Beecher Stowe auf, als mich eine Frau, die mir gegenübersaß, mit einem wohlwollenden Lächeln ansprach: «Das ist gut, dass du deutsche Bücher liest. So lernt man unsere Sprache!»

«Ja, stimmt, ich lese wirklich gerne», erwiderte ich.

Sie stutzte kurz, dann sagte sie: «Na, dann ist es ja kein Wunder, dass du schon so gut Deutsch sprichst.»

Abends unter der Bettdecke las ich weiter, bis mir die Augen zufielen. Die Enge unserer kleinen Wohnung hatte den Vorteil, dass ich jederzeit hörte, wenn Hans das Wohnzimmer verließ. Bis unsere Zimmertür geöffnet wurde, hatte ich ausreichend Zeit, um die Taschenlampe auszuschalten und so zu tun, als ob ich schlief.

«Hab ich da nicht gerade eine Taschenlampe gesehen?» Hans' knurrende Stimme in der Tür.

«Nein, Papa.»

«Lüg nicht, sonst zieh ich dir die Ohren lang! Jetzt wird geschlafen, verstanden?»

Mit meinen zwölf Jahren verschlang ich die sechshundert Seiten von «Onkel Toms Hütte» in zwei Wochen, tauchte komplett ein in die Welt des gutmütigen, warmherzigen Sklaven Tom. Abends, wenn ich in der Dunkelheit bereits das Schnarchen meines Bruders unter mir hörte, war ich in Gedanken eines von Toms Kindern. Als er starb, weinte ich bitterlich.

Wenig später lief im Fernsehen die amerikanische Serie «Roots». Sie erzählt die Geschichte des Gambiers Kunta Kinte, der im 19. Jahrhundert aus Afrika entführt und in Amerika als «Niggersklave» verkauft wurde. Jede Woche litt ich mit, wenn wieder ein Familienmitglied verkauft wurde, spürte den Schmerz fast körperlich, wenn Kunta Kinte oder das kleine Sklavenmädchen Fanta von ihren Herren geschlagen wurden, und betete zu Gott, es möge ihnen endlich die Flucht aus dieser Hölle gelingen.

Nicht nur ich, sondern auch meine Mutter und Mats verpassten keine Folge. Meine Mutter biss sich auf die Unterlippe, starrte gebannt auf den Bildschirm. Mats rieb sich ab und an verstohlen eine Träne aus den Augenwinkeln. Nach dem Abspann saßen wir immer noch eine Weile da, schweigend und bedrückt.

«Uff, das war ja wieder was», sagte meine Mutter dann irgendwann mit betretener Stimme und zupfte ein paar Toastkrümel von ihrer neuen Schlaghose. «Was meint ihr, wie wäre es zur Entspannung mit einer Limo und einem Ründchen ‹Mensch ärgere dich nicht›?»

So, wie wir nie über die Geschehnisse in der Fernsehserie sprachen, ja, gar keine passenden Worte dafür hatten, so wenig sprachen wir auch sonst über meine Hautfarbe. Auch Freunde, Lehrer und Verwandte umschifften dieses Thema so gut wie möglich. Und so waren es fast immer Fremde, flüchtige Passanten, die mir auf der Straße ein «Hey, Fanta!» hinterherriefen und damit nicht die Limonade meinten, sondern das Sklavenmädchen aus «Roots».

109

Was all diese Filme und Bücher gemein hatten: Die Schwarzen waren die Guten, aber auch die Unterdrückten, Unfreien, Benachteiligten. Ich wollte gern einfach zur ersten Gruppe gehören.

Im Geschichtsunterricht sprachen wir in diesen Monaten über die Ermordung von Martin Luther King. Schon seit Wochen war ich gefesselt von seinem mutigen Kampf für die Gleichberechtigung der Schwarzen. Dieser Mann hatte sich leidenschaftlich und rückhaltlos für andere Menschen eingesetzt. Das wollte ich auch, und so reifte in mir der Wunsch, später Ärztin zu werden, Kinderärztin, am liebsten mit einem großen Haus, in dem viele Kinder leben würden, die kein Zuhause hatten.

Durch meine Bücherei-Lektüre wusste ich, wie Martin Luther Kings vier Kinder hießen und was auf seinem Grabstein stand. Ich hätte in der Schule glänzen können, aber ich tat es nicht. Auf keinen Fall wollte ich, dass die anderen eine Verbindung zu mir herstellten, wollte nicht mit der Opferrolle, der Rolle der Unterdrückten in Verbindung gebracht werden.

«Wer weiß, wann und wo Martin Luther King seine berühmte Rede ‹I have a dream› hielt? Vielleicht du, Jutta?», fragte Frau Dr. Wahlberg, meine Geschichtslehrerin. Ich fühlte dreißig Augenpaare auf mich gerichtet. Ich sagte, dass Martin Luther King die Rede im Jahr 1963 in Washington gehalten hatte. Dass ich die Rede passagenweise auswendig konnte, sagte ich nicht.

Die Ungleichheit zwischen Schwarz und Weiß existierte noch immer, das wusste ich, auch wenn ich in unserem beschaulichen Ort von alledem kaum etwas mitbekam. Mein Wissen über schwarze Kultur war ein angelerntes Wissen, das ich komplett aus Büchern, Filmen und der Schule bezog. Vor allem in Amerika hatte, das erfuhr ich, die «Rassenfrage» noch immer große Brisanz. Während es dort gerade ein Riesenskandal war, dass in «Raumschiff Enterprise» eine schwarze Frau einen weißen Mann – und zwar niemanden Geringeren als Captain Kirk! – geküsst hatte, sah man in der Bundesrepublik die «Neger» eigentlich ganz gerne. Jeder Deutsche kannte die Fotos von den netten schwarzen Soldatenonkeln, die nach dem Zweiten Weltkrieg Kaugummi an barfüßige Kinder verteilt hatten. Und Roberto Blanco und Harry Belafonte waren in den Fernsehshows beliebte Gäste.

Eines Samstagabends saßen wir zu viert in unseren Bademänteln gemütlich in der Sofaecke und sahen die Show «Am laufenden Band» mit Rudi Carrell. Ein Kandidat musste sich von den Dingen, die vor ihm auf einem Laufband vorüberzogen, so viele wie möglich merken. Alle Gegenstände, die er danach aufzählen konnte, durfte er behalten.

An diesem Abend rollte zunächst ein Toaster über das Laufband, dann ein Radio, ein Fotoapparat und als viertes eine schwarze Frau, die in einem leuchtend bunten Gewand auf dem Rollband saß und als Symbol für einen Karibikurlaub stand, wiederum dicht gefolgt von einem Barhocker.

«Der Toaster ... das Radio ...», zählte der Kandidat auf, «der Fotoapparat ... die Schwatte ... der Barhocker ...»

«Die Schwatte!», gluckste Hans, fröhlich Salzstangen futternd: «Der Glatzkopf hat den Karibikurlaub gewonnen. Glück muss man haben!»

So ausgelassen sahen wir Hans inzwischen sonst selten. Seinen Job als Strumpfhosenvertreter hatte er längst wieder hingeworfen.

«Strumpfhosen, so ein Blödsinn!», hatte er uns erklärt, aber meine Mutter war der Meinung, dass es Hans einfach nicht ertragen konnte, nicht mehr sein eigener Herr zu sein.

Da in den siebziger Jahren Vollbeschäftigung herrschte, fand er rasch eine neue Arbeit. Er wurde Kassierer in einer

Bank, aber in dem kleinen Schalterhäuschen fühlte er sich extrem eingeengt, wie in einem gläsernen Käfig. Deshalb versuchte er sich anschließend im Vertrieb einer amerikanischen Firma, die Zubehör für Computer herstellte. «Glaubt mir, Kinder, diese Dinger werden sich nicht durchsetzen», belehrte er uns, «aber was soll's! Hauptsache, ich verdiene damit gutes Geld.»

Waren Strumpfhosen etwas, mit dem ich etwas anfangen konnte, so konnte ich mir unter diesen klotzigen Rechenmaschinen kaum etwas vorstellen. Sein Beruf, früher im Laden fest umrissen, wurde immer mehr zu einem einsamen, für uns unüberschaubaren Kampfgebiet irgendwo da draußen.

Manchmal sah ich, wie er abends an unserem Wohnzimmerfenster stand, den Blick wehmütig auf die Taxizentrale schräg gegenüber geheftet. Über der Eingangstür war noch die stark verblasste Schrift zu erkennen: «Leb nsm tt l Lüdem nn».

UNTER DEN PALMEN JAMAIKAS

Wenn ich mit meiner Mutter zum Einkaufen nach Düsseldorf fuhr, machten wir oft einen Abstecher in die «Plattenbörse Roberts». Hans' Genörgel und das Besenstiel-Gepolter unserer Nachbarin konnten ihrer Liebe zu Jazz und Rock'n'Roll nichts anhaben, und so wühlte sie sich freudig durch die Plattenkisten. Auch ich durchstöberte gern die Schallplatten, durchkämmte sämtliche Cover, auf der Suche nach einem dunkelhäutigen Mann mit Saxophon. Irgendwo musste mein Vater doch stecken ...

War er vielleicht der Dunkelhäutige mit Sonnenbrille und dem Glitzerjackett? Aber auf der Rückseite stand, dass der Sänger aus Kalifornien stammte. Oder der mit den Goldzähnen und dem Zylinder über den dichten Locken? Nein, der war schon uralt. Sicher über fünfzig!

Dann zog ich eine Platte heraus, die mich faszinierte. Wenn es dieser Mann wäre, wäre es klasse: ein gut aussehender Musiker mit langen Rastalocken, wie ich sie bereits in Büchern gesehen hatte, lachte mir mit strahlend weißen Zähnen entgegen, umsäumt von einem Regenbogen in den Farben Grün, Gelb und Rot. Er könnte es sein. Ich spürte es. Er sah mir tief in die Augen. Meine Knie wurden weich.

«Mama, ist er das?» Ich hielt ihr das Plattencover unter die Nase. Meine Mutter verstand, was ich meinte, und grinste übers ganze Gesicht.

«Ich weiß ja nicht viel, aber eines weiß ich: Der da ist es

nicht. Das ist Bob Marley! Den kennst du doch, von dem habe ich eine Platte.»

Dann beugte sie sich noch mal tiefer über die Plattenhülle, auf der ganz unten REGGAE in stark verwackelten Buchstaben stand.

«Na, hübsch ist er wirklich. Ach, weißt du, eigentlich sind so viele schwarze Männer gut aussehend. Die Wangenknochen, die Augen, die Schultern, die Haut ... was sind die blassen Europäer dagegen! Aber sag das nicht Hans», zwinkerte sie. «Und sag mal», fuhr sie fort und senkte die Stimme, «Kaufhof ist hier gleich um die Ecke. Wollen wir dir nicht einen Abdeckstift für deinen Pickel kaufen, der dich so sehr nervt?»

Zwei Jahre zuvor hatte ich zu Weihnachten jene Puppe bekommen, die ich mir sehnlichst gewünscht hatte: die «Negerpuppe» mit dunkler Haut und dichten schwarzen Locken. Ich liebte sie heiß und innig. Tagsüber saß sie auf meinem Bett. Zum Einschlafen drückte ich ihr jeden Abend einen Gutenachtkuss auf die Wange. Doch plötzlich, von einem Tag auf den anderen, fand ich mich für die Puppe zu alt.

Ich war jetzt dreizehn. Mein Körper bekam Rundungen, die ich nicht mochte. Meinen Po und meine Oberschenkel fand ich auf einmal zu dick, und argwöhnisch beobachtete ich jeden einzelnen sprießenden Pickel, mit der Frage im Hinterkopf, ob er auf meinem Gesicht eine Familie gründen wollte.

Im Kopf stellte ich Listen mit all den Dingen auf, die ich an mir nicht mochte, Listen, die bis zu zehn Punkte umfassten: zu dicke Beine, zu große Füße, zu störrische Locken. Besonders an Regentagen, an denen «die Krause durchschlug», war ich von meinem schwer zu bändigenden Haar genervt. Eine Zeitlang versuchte ich, es jeden Morgen glatt zu föhnen. Ein anderes Mal ließ ich mir sogar von unserem Dorffriseur in einer schmerzhaften Prozedur die Krause herausziehen – mit einem feinen, heißen Kamm, was genau bis zum nächsten Regen hielt.

Nur meine dunkle Haut störte mich nie. Lieber wäre ich noch dunkler als heller gewesen.

Braun = schön + gesund, so lautete in den siebziger Jahren die Gleichung. Viele Leute ölten sich vorm Sonnenbaden extra noch mit Kokosöl ein, damit sich die Sonne noch tiefer in ihre Haut brannte. Wenn ich durch die Straßen ging, kam es vor, dass mir eine wildfremde Frau ihre gebräunte Hand auf die Schulter legte und rief: «Du hast es gut, du bist immer so braun, du musst nie in den Urlaub fahren!»

Mit Haut und Gesicht war ich zufrieden, ansonsten aber ließ ich an mir in dieser Zeit kaum ein gutes Haar. Zigmal zog ich mich vor der Schule um, bis ich mich in meinen Klamotten halbwegs wohlfühlte und sie alle unvorteilhaften Körperteile kaschierten. Meine Laune war ständigen Schwankungen unterlegen: An einem Nachmittag fühlte ich mich einsam, allein und ohne Freunde, und am nächsten Tag saß ich mit zehn Jungen und Mädchen Tee trinkend und lachend in meinem kleinen Zimmer. Als ich dann auch noch meine heißgeliebte Puppe weit hinten in den Bettkasten schob, war eindeutig klar: Ich war in der Pubertät.

Parallel zu meinen wechselnden Launen und meinem wachsenden Drang nach Freiheit und Selbstbestimmung dachte ich immer öfter darüber nach, wer ich eigentlich war und wer mein Vater war – zwei Dinge, die für mich unmittelbar zusammenhingen. Ich verstand mich oft nicht in dieser Zeit und hatte die vage Vermutung, dass mein Vater einen wichtigen Teil meiner Persönlichkeit bedingte, dass ihn zu kennen mir vielleicht dabei helfen könnte, mich selbst besser zu durchschauen.

Die wenigen bruchstückhaften Informationen, die ich von

meiner Mutter hatte – Oin, Jamaika, Saxophon –, wiederholte ich in meinem Kopf wie ein Mantra. Wenn ich allein am Nachmittag auf meinem Bett lag, schloss ich die Augen und stellte mir meinen Vater vor. Vielleicht lag er jetzt, in diesem Moment, in seiner Hängematte unter der strahlenden jamaikanischen Sonne. In meiner Vorstellung hingen auf Jamaika überall Hängematten, die farbenfroh zwischen den Palmen baumelten. Vielleicht lag er da, die Augen geschlossen, und erholte sich von den Strapazen seiner letzten Welttournee. Vielleicht summte er dabei eine neue Melodie, die ihm gerade in den Sinn kam. Doch ich war auch beunruhigt: Vielleicht rauchte er außerdem täglich Marihuana und war ständig benebelt!

Ich hatte in der Bücherei über die Rastafari-Kultur gelesen, und Marihuana und Haschisch spielten darin eine nicht unwesentliche Rolle. Mein eigener Vater, ein bekiffter Rastafari, durch ständiges Grasrauchen in seiner eigenen Welt und für mich unerreichbar, durchzuckte es mich.

Was hatte ich eigentlich von meinem Vater geerbt?, grübelte ich in dieser Zeit häufiger. Die Liebe zur Musik, die panische Angst vor Würmern und anderen beinlosen Kleintieren, meine Vorliebe fürs frühe Aufstehen oder vielleicht meine rundlichen Ohren? So vieles wollte ich von ihm wissen. Dachte er manchmal an mich? Konnte er sich überhaupt an mich erinnern? Wie hatte er den Tod von Martin Luther King erlebt? Und wie fand er die Musik dieser niedlichen Jungens von «Jackson Five»?

Viele Jahre hatte ich meine Mutter nicht mehr nach meinem Vater gefragt. Jetzt wollte ich erneut über ihn reden. Wenn sie sich anstrengte, fielen ihr vielleicht noch wichtige Details ein.

Es war ein verregneter Samstagnachmittag im April. Hans brachte gerade meinen Bruder zum Fußball, und meine Mutter hatte soeben mit Feuereifer begonnen, die Küchenschränke aufzuräumen, was ein Garant dafür war, dass sie sich die nächste Zeit nicht aus der Küche wegbewegte. Ich setzte mich auf einen Stuhl und zog die Beine an. Eine Weile betrachtete ich meine Mutter, wie sie die Dosenvorräte sortierte, dann begann ich zögerlich: «Mama, erzähl mir noch einmal, was du von meinem Vater weißt.»

«Ach Mäuschen, was willst du denn hören?», sagte sie und sah zu mir herunter. «Du weißt, was ich weiß: Er stammt aus Jamaika und heißt Oin. Ich habe ihn auf einem Konzert kennengelernt. Er spielte dort mit seiner Band.»

«Aber was passierte dann?»

«Nichts weiter. Ich wurde schwanger, und du kamst zur Welt.»

«Wie hat er denn ausgesehen?»

«Na, so genau weiß ich das nicht mehr. Ich glaube, er war sehr groß. Vermutlich würde ich ihn gar nicht wiedererkennen. Gib mir doch bitte mal den Schwamm aus der Spüle!»

«Sehe ich ihm ähnlich, Mama?»

«Ja, kann sein. Ich weiß nicht. Ein bisschen vielleicht ... Kannst du den Schwamm bitte auswringen?»

Eine Frage brannte mir auf der Seele. «Weiß er überhaupt, dass es mich gibt?»

Ihr Kopf steckte im Hängeschrank, den sie gerade von innen auswischte. Ich hatte Mühe, sie zu verstehen: «Und ob!», sagte sie plötzlich. «Ich habe mich, als du knapp zwei Jahre alt warst, mit ihm getroffen, ihm von dir erzählt und ihm zwei Fotos gegeben.»

Ich starrte sie an. Das war mir völlig neu.

«Ja, wusstest du denn, wo er wohnt?», fragte ich.

«Nein, aber ich bin einfach von Bar zu Bar gezogen, bis ich ihn und seine Band fand.»

«Aber ... wollte er mich denn gar nicht kennenlernen?», wollte ich wissen.

«Doch, doch! Er wollte dich sogar mit zu seiner Mutter nach Jamaika mitnehmen. Aber das wollte ich natürlich nicht. Das kam überhaupt nicht in Frage!»

Mich durchzuckte es heftig. Das war eine nagelneue Information. Er hatte sich also für mich interessiert! War sogar bereit gewesen, mich mitzunehmen!

«Und dann hat er mich nie gesehen?»

«Nein, nie. Ich hatte Angst, er würde dich mir wegnehmen. Ich habe ihm nicht gesagt, wo wir wohnen. Und zu dem Treffen, um das er mich gebeten hatte, damit er dich sehen konnte, bin ich nicht erschienen. Er hatte keine Chance, uns zu finden. Wir hatten damals keine eigene Adresse und kein Telefon, weil wir bei Frau Dönberg und später bei Hans wohnten, und nach unserer Heirat bekamst auch du Hans' Nachnamen.»

«Wie habt ihr beide eigentlich miteinander gesprochen?», hakte ich nach. «Du kannst doch kaum Englisch.»

«Na ja, er hat ein bisschen Deutsch gesprochen, glaube ich.»

«Und seinen Nachnamen kennst du wirklich nicht?»

«Ach Mäuschen, was ist schon ein Nachname!», sagte meine Mutter. «Mehr weiß ich nicht, Juschi. Weißt du, wie lange das her ist? Was fehlt dir denn? Du hast mit Hans doch einen Vater. Und er macht zwischen dir und Mats nun wirklich keinen Unterschied.»

«Hmmm ...»

«Na siehst du! Komm, gib mir die Töpfe ran, dann kann ich sie zurückräumen.»

Später, als wieder die Sonne schien, ging ich hinaus, setzte mich auf die getrocknete Steinmauer neben dem Feld und sah ins Weite. Wohlig warm durchflutete mich ein Gedanke: Mein Vater wollte mich mitnehmen! Er war bereit gewesen, mir einen Platz in seinem Leben zu geben. Ob er, dort in der Ferne, in seiner Hängematte, noch manchmal daran dachte, dass es dieses Baby gegeben hatte? Hatte er sogar noch die Fotos? Oder hatte er mich komplett vergessen, hatte sorglos noch ein Dutzend weiterer Kinder gezeugt, genau wie Bob Marley?

Doch dann kam mir etwas anderes in den Sinn: Hätte er mich mitgenommen, wäre ich weit, weit weg von hier in einem fremden Land aufgewachsen und hätte meine Mutter vermutlich nie gesehen. Ein grauenhafter Gedanke! Dann war es vermutlich das kleinere Übel, den launischen Hans in Kauf zu nehmen. Mit der Unwissenheit über meinen Vater zu leben war traurig, aber ohne meine Mutter zu sein, mein Leben ohne sie verbracht zu haben war unvorstellbar.

Und dennoch gab mir der Gedanke an sie auch einen kleinen Stich. Sie hatte mir nicht die ganze Wahrheit gesagt, sondern etwas Wesentliches verschwiegen. Sie hatte ihn nicht, wie zunächst behauptet, nur ein einziges Mal gesehen. Behielt sie vielleicht noch mehr für sich?

So viele Fragen gingen mir durch den Kopf, aber ich hielt es für wenig aussichtsreich, meine Mutter noch ein weiteres Mal auf das Thema anzusprechen. Auch wegen Hans, der nichts von diesen Gedanken erfahren sollte, ließ ich das Vaterthema erneut ruhen.

Hans kam inzwischen fast jeden Abend betrunken aus «Erna's Eck» nach Hause und explodierte bei dem kleinsten Anlass. Mehr denn je hatte ich die Befürchtung, ihn mit meiner Sehnsucht nach meinem leiblichen Vater zu verletzen und ihm das Gefühl zu geben, er würde mir nicht reichen. Ein bedrückend schlechtes Gewissen machte mir die Gewissheit, dass dies eindeutig der Fall war.

FRIEDENSGEBETE IN GEBATIKTEN LATZHOSEN

Was rückblickend wie eine Zäsur meine Kindheit beendete, war die Tatsache, dass meine Freunde und ich uns plötzlich nicht mehr draußen trafen, um zu rennen, zu bauen, Fahrrad zu fahren oder Räuber und Gendarm zu spielen, sondern reihum bei uns zu Hause.

Stundenlang hockte ich mit Maria und anderen Freunden zusammen, zu siebt, neunt oder zwölft, hörte Schallplatten von Cat Stevens oder Reinhard Mey, trank Tee und strickte, sprich: zelebrierte die schönsten «Meetings». Wir Mädchen trugen wallende, selbstgestrickte Pullover, genau wie die Jungs, nur dass deren Pullover gekauft oder von ihren Müttern gestrickt waren.

Oft fanden die Treffen in meinem Zimmer statt, das ich mir immer noch mit meinem Bruder teilte. Wenn er sich mucksmäuschenstill verhielt, durfte er bei uns sitzen. Zum Glück war ihm das meist zu langweilig, sodass er lieber draußen Fußball spielen ging.

Auf dem Teppich hockten wir dicht gedrängt unter meinen geliebten Postern: Das eine zeigte den bildschönen Rod Stewart, auf dem anderen befand sich eine rote Sonne, umrahmt von dem Schriftzug «Atomkraft? Nein danke».

Meine Mutter begrüßte freudig jeden meiner Freunde, und selbst Hans hatte nichts gegen sie, solange sich die Gäste von seinem geliebten Wohnzimmer, dem Telefon und dem Kühlschrank fernhielten, die heilige Mittagspause achteten und sich rechtzeitig vor dem Abendessen wieder vom Acker machten.

Wir waren uns ganz sicher, völlig anders als unsere Eltern zu sein. Wir waren für Frieden ohne Atomwaffen, Freiheit, Toleranz. Es war die Zeit des Kalten Krieges. Vor den Russen und ihren Atomwaffen hatten unsere Eltern und Großeltern panische Angst. Meine Freunde und ich dagegen wollten weg vom alten Feindbild und waren für die generelle Abrüstung. Ein wichtiger Anlaufpunkt war dabei für uns die Kirche.

In unserer Dorfkirche organisierten wir eines Nachmittags einen Jugendgottesdienst für den Frieden. Tief beeindruckt und aufgewühlt kam ich am Abend nach Hause.

«Wo warst du?», brummte Hans vor dem Fernseher.

«In der Kirche», antwortete ich und ließ mich wie beseelt auf einen Sessel gleiten. Auf meinem kurzen Haar trug ich ein selbstgestricktes Mützchen, eine Art Kippa.

«Na, wenn du meinst, dass dir das was bringt», murmelte Hans, weiter auf den Bildschirm starrend. «Was du fürs Leben wissen musst, kannst du auch von mir gesagt bekommen. Was habt ihr da beim Gottesdienst gemacht?»

«Gebetet. Für den Frieden.»

«Für den Frieden?», fragte Hans und sah mich verdutzt an. «Wieso denn das? Wir haben doch Frieden.»

«Aber die Menschen im Libanon, in Südafrika und Rhodesien haben keinen Frieden. Und wer weiß, was hier noch wird. Die Amerikaner, die ihre Atomraketen gegen die Sowjetunion ...»

«Die Amis wissen schon, was sie tun!», fiel mir Hans barsch ins Wort. «Denkst du, der Russe will uns nicht an den Kragen und uns zur zweiten DDR machen? Mit dem Russen ist nicht zu spaßen!»

«Lass doch Jutta für den Frieden sein», mischte sich meine

Mutter ein und goss sich ein Glas Martini nach. «Ist doch toll, wenn sich die jungen Leute engagieren. Und Spaß haben sie dabei auch. Jetzt erzähl doch mal, Juschilein, was habt ihr im Gottesdienst gemacht?»

«Erst haben wir ein paar Stücke Stacheldrahtzaun durch die Reihen gegeben, im Gedenken an alle, die in Unfreiheit leben.»

«Ihr habt was gemacht?» Hans lachte auf. «Fällt euch nichts Besseres ein? Könnt ihr nicht Sport treiben, fernsehen oder für die Schule büffeln wie ganz normale Jugendliche?»

Meine neuen Klamotten – Malerlatzhose, gebatikte Hemden, Palästinenserschal – konnte Hans halbwegs akzeptieren, er fand sie «schön bunt», und auch mein farbenfrohes Anti-Atomkraft-Poster fand er «recht dekorativ», nicht aber meine neuen politischen Einstellungen.

Nachdem wir in der Schule einen Film über schlecht bezahlte Fließbandarbeiter gesehen hatten, machte ich beim Abendbrot meiner Wut Luft: «Ich finde das ungerecht. Die Arbeit ist doch viel härter als die eines Anwalts oder Bankkaufmanns. Die Leute in der Fabrik sollten genauso viel verdienen!»

Hans hüpfte förmlich aus der Hose: «Sag mal, bist du verrückt? Auf was für eine linke Sozischule habe ich dich denn da geschickt? Wenn deinen Lehrern das System hier nicht passt, sollen sie doch in die DDR auswandern! Wenn einem Arbeiter sein Gehalt nicht reicht, soll er halt was anderes lernen. Pffff, meine eigene Tochter ein Sozi! Du kapierst das doch alles noch nicht!»

«Mehr als du», wollte ich sagen, schluckte die Bemerkung aber gerade noch rechtzeitig mit einem Bissen Graubrot mit Teewurst hinunter und schwieg.

WEISE RATSCHLÄGE

H ans hatte durchaus auch eine fürsorgliche Seite. Eines Abends, nach der «ZDF Hitparade» mit Dieter Thomas Heck, meine Mutter und Mats waren schon ins Bett gegangen, räusperte er sich und sagte: «Jutta, bleib noch mal kurz hier. Ich muss mit dir reden. Möchtest du ein Malzbier?»

Hans wollte mit mir reden – das hieß erst einmal nichts Gutes, aber dass er mir ein Malzbier anbot, entspannte die Lage. Er gab sich gewollt locker. Wollte er etwas verkünden? Vielleicht ein neues Geschäft aufmachen? Hans holte aus der Küche ein Vita Malz für mich und für sich das nächste Bier. Dann faltete er die Hände über seinem Bauch. Erst jetzt fiel mir auf, wie groß dieser geworden war, und ich grübelte darüber nach, ob seine Füße und sein Kopf wohl in der Luft schwebten, wenn er auf dem Bauch lag.

Die Firma, bei der Hans angestellt war, arbeitete jetzt nach amerikanischem Modell, wie er uns erklärt hatte. Man bekam nur ein geringes Grundgehalt, und der Rest des Lohnes wurde vom Umsatz abhängig gemacht, was ihn gehörig unter Druck setzte und ihn noch launischer machte als zuvor. Mittlerweile explodierte er schon, wenn wir abends unsere Fahrräder nicht in den Keller gebracht oder in der Mittagspause eine Schranktür nicht leise genug geschlossen hatten. Jetzt aber schaute er mich wohlwollend an.

«Du hast zwar noch Eierschalen hinter den Ohren, Jutta, aber ein Kind bist du nicht mehr ...»

O Gott, was kommt jetzt, dachte ich erschrocken und wäre am liebsten zwischen den Sofakissen versunken. Wollte er mich aufklären? Über Liebe, Verhütung und so? Das konnte ich mir kaum vorstellen, verklemmt, wie er sonst war.

«Du bist jetzt halbwüchsig, sozusagen», setzte Hans erneut an, «da beginnt ein neuer Lebensabschnitt. Und das Leben läuft nicht immer so, wie man es sich vorstellt.»

Worauf, um alles in der Welt, wollte er bloß hinaus?

«Ich geb dir jetzt mal ein paar gute Ratschläge für dein weiteres Leben mit auf den Weg», verkündete er, «und ich kann dir nur sagen, Jutta, halt dich dran, sonst kann es wirklich knüppeldick für dich kommen, und dann wirst du immer denken: Hätte ich doch auf meinen alten Vater gehört! Der wusste Bescheid, der hatte Erfahrung!»

Hans nahm einen ordentlichen Schluck aus seinem Bierglas, bevor er fortfuhr. Er sprach mit etwas schwerer Zunge, sodass ich genau hinhören musste, um ihn zu verstehen.

«Erstens: Du musst, um anerkannt zu werden, mehr leisten als alle anderen, und darfst dir viel weniger herausnehmen!»

«Mehr leisten», echote ich leise und nickte.

Dann senkte Hans die Stimme, was seinen Worten wohl eine besondere Bedeutsamkeit verleihen sollte. Mich irritierte, dass er, während er mit mir redete, auf den Fernsehbildschirm schaute. Das tat er meistens, aber dieses Gespräch schien ihm doch wichtig zu sein. Jetzt aber sah er mich plötzlich mit seinen leicht blutunterlaufenen Augen an und riss sie zur Untermalung seiner Worte weit auf: «Und zweitens: Lass dich auf keinen Schwarzen ein! Die haben eine ganz andere Kultur!»

Ich nickte wieder, diesmal jedoch etwas langsamer. Silbe für Silbe ließ ich die Worte sacken.

«Nun denn», sagte Hans und probierte ein Lächeln. Er wirkte jetzt sichtlich erleichtert. «Das war's. Und jetzt sieh zu, dass du ins Bett kommst. Es ist spät», beschloss er das Gespräch, trank sein Bier in einem Zug leer und wankte mit gehobener Hand grüßend ins Bad.

Ich saß noch eine Weile auf dem Sofa und dachte über die Worte meines Stiefvaters nach. Mit dem ersten Ratschlag hatte er wohl recht. Dass ich aufgrund meiner Hautfarbe mehr leisten musste, um im Leben etwas zu erreichen, spürte ich schon lange. Auch wenn es meine Eltern nie ausgesprochen hatten, war mir klar, dass ihr Ehrgeiz bezogen auf meine Schulleistungen auch mit meiner besonderen Geschichte zusammenhing und sie sich und anderen beweisen wollten, dass ich mit anderen Schülern mithalten konnte. Auch ich selbst wollte anerkannt werden, gut sein in der Schule, beim Klavierspielen und beim Singen, und träumte davon, einmal Kinderärztin zu werden. Ich wollte erfolgreich sein und als eigene, in gewisser Weise einzigartige Person wahrgenommen werden, und ich ahnte, dass für mich das eine mit dem anderen unmittelbar zusammenhing.

Schon oft hatte ich die Erfahrung gemacht, dass ich für viele Deutsche zwar anders war, aber gleichzeitig in meinem Anderssein austauschbar, von anderen dunkelhäutigen Menschen kaum zu unterscheiden. Solange ich allein unter Weißen war, merkte sich jeder sofort meinen Namen, doch sobald ein zweiter dunkelhäutiger Mensch mit ins Blickfeld geriet, wurde ich ständig verwechselt.

Auf der Straße gratulierten mir wildfremde Menschen zu meiner tollen Leistung beim Sportfest. Gemeint war jedoch Martha, das Hochsprungtalent unserer Stadt: ähnliche Hautfarbe, aber ungefähr zehn Kilo leichter und fünfzehn Zentimeter größer. Auch sonst sahen wie einander so ähnlich wie Brigitte Bardot und Heidi Kabel. Andere Menschen wiederum hielten mich für eine berühmte Eiskunstläuferin, eine Soul-

Sängerin oder riefen mir gar hinterher: «He du, sag mal, bist du nicht die Tochter von Harry Belafonte?»

So lustig dies für mich manchmal war, reifte in mir dadurch der existenzielle Wunsch, nicht nur auffällig, sondern auch unverwechselbar zu sein. Ich wollte ein eigenes Gesicht haben, eine eigene Persönlichkeit. Und dafür musste ich Leistung erbringen.

Was seinen zweiten Ratschlag betraf, so hatte Hans bei mir bisher nichts zu befürchten. Bis auf David machte ich um die wenigen dunkelhäutigen Menschen, denen ich begegnete, einen großen Bogen. Wann immer ich auf der Straße die afrikanischen Männer sah, die in das neugebaute Asylantenheim am Stadtrand gezogen waren und mir ein komplizenhaftes «Hey sister!» zuriefen, sah ich verlegen weg. Ich fühlte mich mit den unterdrückten Schwarzen in Alabama oder den Freiheitskämpfern in Südafrika verbunden, aber kaum mit den dunkelhäutigen Menschen in meiner Stadt.

Heute glaube ich, dass es weniger Desinteresse als Angst war, denn jedes Zusammensein mit dunkelhäutigen Menschen hätte in mir die Sehnsucht nach meinem leiblichen Vater geschürt. Und an Liebesbeziehungen, ob mit Schwarzen oder Weißen, hatte ich sowieso noch kein Interesse. Das jedoch änderte sich schneller, als ich dachte.

SCHAUM VORM MUND

Was Hans wirklich damit meinte, dass ich mir «weniger herausnehmen» könne als andere, leuchtete mir erst ein Jahr später ein: Er meinte «zu viele Freunde» und «zu früher Sex» oder gar Sex mit wechselnden Partnern.

Der Inbegriff der Lasterhaftigkeit war für ihn unsere Nachbarin Frau Herrmanns, die mit ihren beiden Jungens und ohne Mann in der Wohnung über uns lebte. Morgens traten uns im Treppenhaus Männer unterschiedlichen Alters verschlafen entgegen, nicht selten auch Männer aus dem neuen Asylantenheim.

«Die Herrmanns, die olle Schlampe mit ihren wechselnden Partnern!», schimpfte Hans oft. Als Kind verstand ich nicht, warum es ihn so aufbrachte, dass sich Frau Herrmanns mit so vielen netten Männern gut verstand und sie zu sich einlud. Auch ich mochte es, an ihrem Küchentisch einen Kakao mit Schlagsahne zu trinken. In der Pubertät dann schwante mir allmählich, dass es bei den Männerbesuchen wohl weniger ums Kakaotrinken ging.

Was mich betraf, hatte Hans den Quell allen Übels eindeutig ausgemacht: Partys. Was ich liebte und worauf ich die ganze Woche hinfieberte, war für ihn der Sündenpfuhl schlechthin. Ich war fünfzehn und inzwischen fast jedes Wochenende auf irgendeiner Fete.

Dafür schmissen meine Freunde und ich uns so richtig in Schale: Die Jeans mussten knackig eng sein, so eng, dass man sich nach dem Waschen auf den Boden legen musste, um sie zuzuknöpfen. Dazu trugen wir knallenge T-Shirts. Wir Mädchen experimentierten mit Kajal und blauem Lidschatten und föhnten unsere Haare mit einem Schwung nach außen, die Jungs trugen wilde Lockenfrisuren oder brachten mit etwas Gel einen akkuraten Seitenscheitel zum Halten.

Die Feten fanden meist in irgendwelchen Kellern statt. Ein Plattenspieler, große Boxen, Becher voll Salzstangen und die Lampen mit bunten Tüchern abgehängt, fertig war die schönste Partyhölle. Die besten, ausgelassensten Partys waren jedoch die Jugenddiscos in den umliegenden Gemeindehäusern, deren schummrig ausgeleuchtete Kellerräume mit Bravo-Postern und Discokugeln üppig behängt waren. An die dröhnend laute Musik und unsere im Schwarzlicht leuchtenden weißen T-Shirts erinnere ich mich noch heute, vor allem aber an diesen typischen, süßlich-herben Geruch: ein Gemisch aus Chips, jugendlichem Schweiß und erwartungsvoller Spannung.

In den Gemeindekellern tanzten wir zu ABBA und Boney M., Pink Floyd, Status Quo und Queen, bis uns der Schweiß von den Schläfen tropfte. Zum Tanzen forderte man sich gegenseitig auf. Bei schnellen Liedern tanzten wir frei voreinander her, bei den langsamen gingen wir zum Blues über und wippten zu zweit eng umschlungen von einem Fuß auf den anderen. Und manchmal, wenn ein Junge, den ich ganz besonders nett fand, mir dabei den Rücken auf- und abstreichelte, verspürte ich ein ungewohntes Kribbeln und wollte ewig so weitertanzen. Das Einzige, was diese phantastische Stimmung jedes Mal trübte, war, dass ich immer die Erste war, die abgeholt wurde.

«Um neun ist für dich Schluss. Was nach neun passiert, ist nichts Gutes. Da musst du nicht mit dabei sein!», bläute mir Hans ein. «Wenn du da nachts rumtingelst, heißt es: ‹Ach, ist ja klar, die Jutta, die hat es faustdick hinter den Ohren!› Die warten doch alle nur darauf, dass du irgendwie auffällst!»

Wenn Hans um Punkt 21 Uhr im Auto vor dem Gemeindehaus wartete, aus dessen Kellerfenstern «Dancing Queen» oder «We will rock you» wummerte, war es mir jedes Mal unendlich peinlich, und ich beeilte mich, ins Auto zu steigen, bevor er auch noch hupte.

Eines Samstagabends hatten meine Eltern ausnahmsweise erlaubt, dass ich nach einer Party mit Marias Vater nach Hause fahren durfte. Um 21 Uhr 30 musste ich zu Hause sein. Das schaffte ich nicht ganz. Um 21 Uhr 37 schloss ich hastig unsere Wohnungstür auf.

«Da bin ich», sagte ich leise in der Wohnzimmertür.

«Das sehe ich», antwortete Hans im Fernsehsessel und fixierte weiter den Bildschirm, auf dem gerade Hans Rosenthal in «Dalli Dalli» dem Fernsehpublikum noch einen schönen Sonntag wünschte. Hans' schneidende Stimme und der leere Sechserträger Exportbier auf dem Couchtisch versprachen nichts Gutes.

«Schön, dass du da bist», versuchte meine Mutter, im Nachthemd aus dem Badezimmer kommend, die Situation zu entschärfen und gab mir einen Kuss. Ihre Augen waren erst halb abgeschminkt, der dicke schwarze Eyeliner verwischt.

«Ich warte», sagte Hans, etwas lauter.

Da fiel bei mir der Groschen. Er wartete auf eine Entschuldigung. Immer wartete er auf eine Entschuldigung, jedes Mal, wenn er uns Kinder wieder einmal völlig grundlos zusammengeschrien hatte. Meine Mutter schickte uns danach immer zu ihm, «um des lieben Friedens willen», und wir mussten sagen: «Entschuldige, Papa, ich tue das nie wieder.» Meist wussten wir nicht einmal, wofür wir uns gerade entschuldigten.

Doch diesmal konnte er lange warten. Dieses Mal entschuldigte ich mich nicht. Ich war nur sieben Minuten zu spät, das war doch lachhaft.

«Ich warte», wiederholte Hans, wobei seine Stimme einen drohenden Klang annahm.

Ich schwieg.

«Aber Hans, es waren nur ein paar Minuten», beschwichtigte meine Mutter. «Lass sie feiern. Ich hab früher doch auch ...»

«Das weiß ich, dass du früher auch! Deswegen ja!», fuhr Hans sie an. Dann hievte er sich aus dem Sessel, wankte auf mich zu und baute sich vor mir auf.

Ich sah die Schweißperlen auf seiner Stirn, roch seine Bierfahne. So standen wir uns gegenüber, er in Bademantel und Hauspuschen, ich in der flickenverzierten Jeanshose und dem lila gefärbten Hemd.

«Andere Früchtchen feiern vielleicht die Nacht durch. Aber nicht meine Tochter!», blaffte er mir ins Gesicht.

«Ich bitte dich, entschuldige dich», hörte ich die sanfte Stimme meiner Mutter. «Um des lieben Friedens willen!»

Doch der gesamte Weltfrieden war mir in diesem Moment egal. Ich sah zu meiner Mutter. Warum war sie nicht so stolz und unabhängig wie in ihren bunten Geschichten von früher? Was war nur aus ihr geworden?

Dann sah ich Hans fest in die Augen und schwieg.

Da brüllte er los. Brüllte, ich wäre ein Nichts, eine Versagerin, vorlaut, frech und faul wie das ganze Kommunistenpack, eine Pennerin mit meinen kaputten Klamotten, eine nichtsnutzige, linke Zecke und vieles andere mehr. Er schrie, bis sein Kopf hochrot war und er Schaum vor dem Mund hatte, schrie, bis Mats weinend aus dem Kinderzimmer getapst kam und Frau Mischke von unten mit dem Besenstiel an die Decke donnerte.

Zitternd wich ich ein paar Schritte zurück und empfand plötzlich ein neuartiges Gefühl: Verachtung. Es war tiefe Verachtung, die heiß und mächtig in mir hochstieg. Ich wusste, dass ich Hans niemals mehr verzeihen würde, und ich wusste, dass mein Stiefvater für mich als respektables Familienoberhaupt ein für alle Mal gestorben war.

So ohnmächtig und ausgeliefert ich mich an diesem Abend fühlte: Niemals schleuderte ich ihm entgegen, dass ich gar nicht seine Tochter war und er mir nichts zu sagen hatte. Nie wäre mir dies in den Sinn gekommen, hätte ich es auch nur zu denken getraut, weder an jenem Abend noch später.

SCHWARZ FÜR SICH UND WEISS FÜR SICH

Von Hans' Wutanfällen geprägt, hatte ich mir im Alter von zwölf Jahren geschworen, dass ich zwar Kinder, aber niemals einen Ehemann haben wollte.

Auch meine Mutter unterstützte diesen Vorsatz voll und ganz. «Heirate niemals», impfte sie mir ein, während sie Hans' Socken bügelte oder Zwiebeln schnitt. «Mach dich nie von einem Mann abhängig. Das bringt nur Ärger!»

Trotz aller Vorwarnungen und Unkenrufe war ich mit sechzehn wie vom Donner gerührt, als ich in meiner ersten Mathestunde nach den Sommerferien in die tiefbraunen, mandelförmigen Augen von Sebastian sah. Sebastian hatte von der Realschule aufs Gymnasium gewechselt. Von diesem Tag an versuchte ich, im selben Moment wie er den Klassenraum zu verlassen oder zeitgleich zum Fahrradständer zu gehen, und wenn er eine Stunde blaumachte, tat ich es auch. In Mathe hatte er großen Nachholbedarf. Das war meine Chance. Ich sagte, ich könne ihm Nachhilfe geben, und er willigte ein.

Sebastian wohnte allein mit seiner Mutter in einem schicken Einfamilienhaus mit weißen Säulen vor der Haustür und einer akkurat gestutzten Buchenhecke. Als ich dort zum ersten Mal mit klopfendem Herzen klingelte, stand seine Mutter in der Tür. Frau Dr. Bülow, Zahnärztin, in weißer Bluse und mit Perlenkette, lächelte mich an. «Du musst die Jutta sein. Toll, dass du dem Sebastian hilfst. Der Junge braucht dringend etwas Ansporn. Ohne deine Hilfe wäre er aufgeschmissen.»

Nach den Mathe-Hausaufgaben saßen wir meist noch eine Weile Kekse knabbernd in seinem Zimmer, wobei er mich manchmal so lange ansah, dass mir fast schwindelig wurde. Und als wir eines Nachmittags mit den Hausaufgaben früh fertig waren, entschieden wir, um der Aufbesserung unserer Englischkenntnisse willen noch eine Schallplatte mit amerikanischen Balladen zu hören. Immer tiefer sahen wir uns dabei in die Augen, bis wir die Lider irgendwann schlossen.

Wir lagen schließlich selig knutschend auf dem Sofa, als plötzlich ein gellender Schrei ertönte.

«Jesus, Maria und Josef!»

In der Tür stand Frau Bülow. Sie war in eine Art Schockstarre verfallen und rührte sich nicht vom Fleck.

«Sebastian! Ich erwarte dich in der Küche!», presste sie noch hervor, bevor sie die Tür wieder zuschlug.

Ich war zu glücklich und zu benommen, um mir wirklich Sorgen zu machen. Wahrscheinlich fiel es ihr einfach schwer, ihren Sohn mit einem Mädchen zu teilen, wo ihr Mann sie vor Jahren verlassen hatte, dachte ich mir.

«Meine Mutter kann warten», murmelte Sebastian, schloss die Zimmertür ab und legte sich wieder neben mich.

Irgendwann ging er dann doch in die Küche. Ich legte eine neue Schallplatte auf und versuchte, glücklich und überwältigt, wie ich war, entspannt zu bleiben. Doch lauter als Simon & Garfunkels «Bridge over Troubled Water» hörte ich Frau Bülows keifende Stimme und schnappte Halbsätze auf wie: «Nicht in meinem Haus! ... Legt sich einfach auf dein Sofa! ... Deine alte Freundin war doch so ein nettes Mädchen!»

Was ich dann hörte, riss mich endgültig aus meiner romantischen Verträumtheit und traf mich bis ins Mark: «Ja, muss es denn eine Dunkelhäutige sein? Es gibt doch so viele nette weiße Mädchen. Schwarz für sich und Weiß für sich!»

133

«When tears are in your eyes, I will dry them all ...», sang Paul Simon. Tränen schossen mir in die Augen, während ich mir ein Kissen vors Gesicht hielt, um nicht laut loszuschluchzen. Diese jähe, knallharte Ablehnung hatte ich nicht erwartet. Vor jeder Nachhilfestunde hatte Frau Bülow mich freundlich begrüßt, aber jetzt, wo es um mehr, wo es vielleicht sogar um Liebe, um eine Beziehung ging, war Schluss mit Gemütlichkeit. Jetzt rückte ich mit meiner Brauntönung zu nah an das weiße Genmaterial ihres Sohnes heran. Wie konnte das sein? Frau Bülow sah doch eigentlich ganz normal aus, gar nicht so, als hätte sie solche komplett verqueren Ansichten.

Schwarz für sich und Weiß für sich. Selbst wenn ich gewollt hätte, dachte ich, konnte ich mich ja gar nicht für «Schwarz» oder «Weiß» entscheiden. Ich war braun – zur Hälfte weiß, zur Hälfte schwarz, wo könnte ich mich «unter meinesgleichen» denn überhaupt bewegen? Gab es neben dem türkischen und griechischen Kulturverein, dem Club der Langen und den Single-, Schwulen-, Lesbentreffs denn irgendwo auch Zusammenkünfte von Mulatten, Mischlingen, zwecks geselligen Beisammenseins unter ihresgleichen? Und selbst wenn ich ganz schwarz gewesen wäre, wie sollte «Schwarze für sich» im urdeutschen Meerbusch überhaupt funktionieren? Da wäre ich ziemlich alleine gewesen. Alle Menschen um mich herum waren weiß. Ich hatte keinen schwarzen Lehrer, keine schwarze Ärztin, ja, ich war die einzige dunkelhäutige Schülerin des ganzen Gymnasiums.

Mir dämmerte, dass das Erwachsenwerden, mit der Nähe zu Jungs und deren Familien sowie dem immer größeren Radius, in dem ich mich bewegte, eine viel stärkere Auseinandersetzung mit meiner Hautfarbe von mir verlangte als zuvor.

Schon länger hatte ich bemerkt, dass mir häufiger seltsame Kommentare entgegengebracht wurden, wenn ich mich nicht in meinem bekannten Umfeld aufhielt, mich allein ein Stück durch die Welt bewegte. Erst letzte Woche, als ich in Düsseldorf im Warenhaus «Horten» mit einem Berg Klamotten beladen die Damenumkleide hatte betreten wollen, sprach mich die blond gelockte Verkäuferin so laut und jede Silbe betonend an, dass sich die Leute noch in der Herrenabteilung umdrehten: «Du – nix – mehr – als – drei – Teile – mit – in – Kabine – nehmen!» Dabei hielt sie drei ausgestreckte Finger direkt vor mein Gesicht. Mein erster Impuls war gewesen, mich umzudrehen, um zu sehen, wen die Frau meinte.

Ich fand solche Situationen witzig, liebte es, stets in bestem Hochdeutsch zu antworten. Aber niemals hatten diese Fragen oder Kommentare etwas mit mir persönlich zu tun gehabt, nie waren sie mir auch nur annähernd so nahegegangen wie jetzt bei Sebastians Mutter.

Wie um Gleiches mit Gleichem zu vergelten, verhielt sich übrigens Hans, obwohl er von meiner Erfahrung mit Frau Bülow nichts wusste, ablehnend gegenüber Sebastian.

«Man sieht jemandem in die Augen, wenn man guten Tag sagt!», blaffte er den Jungen meines Herzens an, wenn dieser mit geklauten Maiglöckchen in der Hand vor unserer Wohnungstür stand. «Gib mir mal richtig die Hand. Nicht so labberig», oder auch: «Wer zu meiner Tochter will, kann sich vorher die Schuhe putzen!»

Trotz der Schwierigkeiten mit seiner Mutter und Hans blieben Sebastian und ich für einige Jahre ein Paar, da konnte Frau Bülow noch so viel zetern, ihren Sohn anflehen oder den Herrn im Himmel persönlich. Geheiratet hat Sebastian übrigens, sehr viel später, eine Griechin mit marokkanischer Mutter. Pech gehabt, Frau Dr. Bülow.

GESTÄNDNIS UND ABSCHIED

Hans' Worte, dass ich mehr leisten müsse als andere, hatte ich nicht vergessen. Für das Abitur büffelte ich wie verrückt, vergrub mich monatelang in meinem Zimmer, bis ich am Ende einen guten Abschluss machte. Gut genug, um Medizin zu studieren und meinem Lebenstraum, Kinderärztin zu werden, näher zu kommen.

Und so ging ich studieren, auch wenn mein Deutschlehrer, bei dem ich immer gute Noten gehabt hatte, kurz und knapp zu Marias Mutter gesagt hatte: «Das wird sie nicht schaffen.»

Und auch wenn Hans mir andauernd in den Ohren lag, dass eine Ausbildung zur Europasekretärin viel besser zu mir passte. Nur meine Mutter war sehr stolz und gratulierte sich insgeheim zu ihrer gelungenen Erziehung.

Ich bekam einen Studienplatz in Göttingen zugewiesen. Hans ließ es sich nicht nehmen und bestand darauf, mich für die Einschreibung dorthin zu fahren und mit mir eine kleine Wohnung zu suchen. Schon lange vermied ich es, allein mit ihm Auto zu fahren, weil ich ständig verzweifelt nach Gesprächsthemen suchte und wir nicht vertraut genug miteinander waren, um in Gesprächspausen zu entspannen.

Doch diesmal war ich viel zu aufgeregt, um darüber nachzudenken. Still saßen Hans und ich nebeneinander, während mir zig Gedanken kreuz und quer durchs Hirn schossen: Wie und wo würde ich leben, wen kennenlernen? Würde ich das Studium überhaupt schaffen? Und wie würde ich ganz allein klarkommen? Ich war neunzehn Jahre alt und hatte noch nie allein in einem Zimmer geschlafen, wie sollte ich angstfrei in einer eigenen Wohnung übernachten?

Einerseits träumte ich schon lange davon, endlich auszuziehen. Andererseits war ich traurig, so vieles zurückzulassen. Meinen Bruder Mats und meinen Freund David, die beide gerade knietief in der Pubertät steckten. Mein geliebtes Klavier, das jetzt unbespielt blieb. Meine Freundin Maria, die bald in Düsseldorf eine Ausbildung zur Krankenschwester beginnen würde.

Und vor allem meine Mutter. Irgendwie nagte an mir das Gefühl, sie im Stich zu lassen, war ich doch über all die Jahre ihre engste Vertraute. Mit wem sollte sie jetzt über die Nachbarinnen lachen, wem ihre neuen Platten vorspielen und vor wem auf Hans schimpfen und Männer im Allgemeinen?

Ich dachte an unsere vielen gemeinsamen Nachmittage in der Küche, bei Tee und Zuckerkringeln, an den süßlichstrengen Geruch ihres Nagellacks, an die bis zum Anschlag aufgedrehte Schallplattenmusik, das vertraute Klackern ihrer Highheels und vermisste sie schon jetzt.

Nach der Einschreibung an der Uni setzten Hans und ich uns in ein kleines Café am Göttinger Rathausplatz. Zur Feier des Tages bestellte Hans für jeden von uns ein Stück Sahnetorte. Neugierig beobachtete ich die fünf, sechs Punker mit den bunt gefärbten Haaren, den Hundehalsbändern und Sicherheitsnadeln, die gegenüber dem Rathaus in der Sonne lagen. In Meerbusch sah man von ihnen höchstens mal einen oder zwei, aber nie so viele auf einmal. Und schräg gegenüber, in dem gelben Telefonhäuschen, stand ein gegelter Typ in Karottenjeans und Rautenpulli, ein waschechter Popper. Es war das Jahr 1982, und die gesamte Jugend spaltete sich auf in Punker, Popper, Grufties, Ökos und zig weitere Gruppen. Meine Freunde und ich gehörten nirgendwo wirklich dazu, wir waren eher so etwas wie angepopperte Ökos: Über unseren neuen Karottenjeans hingen selbstgestrickte Pullover, und mit Palästinenserschal um den Hals trugen wir unser Taschengeld zu McDonald's.

Als der Kuchen kam, breitete Hans seine Serviette umständlich auf seinem Schoß aus. Ich spürte, dass ihm etwas auf der Seele brannte, und schlürfte erwartungsvoll meinen Tee.

Zwischen zwei Bissen sah er mich mit einem leicht schiefen Grinsen an: «Also, Jutta, ich glaube, nun ja, du bist jetzt wirklich alt genug. Nun denn, ich denke, das ist der richtige Moment, um dir mitzuteilen ... also, es ist so: Ich bin nicht dein richtiger Vater!»

Ich musste mich bemühen, nicht meine Kinnlade herunterfallen zu lassen. Sollte das ein Witz sein? Dachte er wirklich, ich hätte ihn bis jetzt für meinen leiblichen Vater gehalten?

«Hmmm», entgegnete ich.

«Weißt du, ich habe es dir nicht eher gesagt, weil es ja keine Rolle gespielt hat. Dein Bruder und du, ihr seid mir gleich wichtig», bekräftigte er und leckte sich die Tortensahne von den Lippen. «Aber jetzt, wo du ausziehst, da solltest du es doch wissen.»

Ich betrachtete die Punker schräg gegenüber, die dem Popper hässliche Sachen nachriefen, und wusste einfach nicht, was ich sagen sollte.

«So, und jetzt lass uns mal den Kuchen genießen», sagte stattdessen Hans. «Schmeckt ja gar nicht übel!»

Mit seiner Gabel stach er beherzt in sein Kuchenstück, und an seiner energischen Art konnte ich erkennen, dass das Thema für ihn jetzt beendet war. Von mir schien er keinerlei Stellungnahme zu erwarten, was mir recht war, also nickte ich nur verständnisvoll. Für mich war dies das bizarrste, eigentümlichste Gespräch, das ich mit meinem Stiefvater je geführt hatte.

Zwei Monate später, es war ein warmer Tag im September, zog ich von zu Hause aus. Am Nachmittag wollte Hans mich nach Göttingen fahren. Nach dem letzten gemeinsamen Mittagessen zu viert setzte ich mich noch einmal an mein Klavier, strich wehmütig über die Tasten. Das geliebte Instrument hatte ich in den letzten Jahren arg vernachlässigt, mehr und mehr war es zur Ablagefläche für Teegläser und Räucherstäbchenhalter degradiert worden. Der Klavierhocker war nicht selten unter Flickenjeans und Norwegerpullis vollständig vergraben. Ein wenig gekränkt stand das Klavier da, aber es war nicht allzu nachtragend, und so tönte es hell auf, als ich noch einmal ein kleines Menuett von Mozart und ein Bach-Präludium spielte.

Dann machte ich, zum letzten Mal in meinem Leben, wie mir in diesem Moment wehmütig schien, eine Runde durch unser Dorf. Ich schritt durch unsere Straße – in Hans' altem Laden befand sich inzwischen ein gut besuchter Frisiersalon –, vorbei an der Post, passierte meine alte Grundschule, auf deren Hof jetzt andere Kinder jauchzten und Hinkekästchen spielten. Bei «Elektro Jahnke», dem traditionsreichen Fachgeschäft, das gerade zum großen Räumungsverkauf einlud, bog ich ab und lief die ganze Strecke durchs Dorf bis zum Allkauf-Supermarkt, der sich noch immer am Ortsausgang breitmachte.

In einem weiten Bogen ging ich wieder zurück, über die Felder, hinein in das Waldstück, das durch das immer weitergewachsene Neubaugebiet von Jahr zu Jahr kleiner geworden war. Zwischen den Eichen fand ich sogar noch die Überreste

einer unserer damals gezimmerten, längst zerfallenen Bret-
terbuden. Schwermütig ging ich wieder heim.

«Jetzt blas mal nicht Trübsal», sagte meine Mutter und paff-
te ihren Zigarettenrauch in Kringeln aus, als wir in unserer
Küche gemeinsam einen letzten Tee tranken, aber auch sie sah
traurig aus. Ich spürte, dass sie sich munterer gab, als sie sich
fühlte, um mir den Abschied nicht noch schwerer zu machen.

«Weißt du, Juschilein, bald hast du das, wovon ich als junges
Mädchen immer geträumt habe: eine eigene Wohnung! Und
weißt du was? Wenn ich ehrlich sein soll, ich bin auch ein
bisschen neidisch. Eine Wohnung ohne Mann! Ja, weißt du,
manchmal wünsche ich mir das auch. Also, wenn Mats eines
Tages aus dem Haus ist ...»

Ein paar Tage zuvor war meine Mutter mit einer früheren
Kollegin vom Plattenladen tanzen gegangen, zum ersten Mal
seit über fünfzehn Jahren.

«Himmel, die Diskotheken oder wie die Tanzschuppen
heute heißen, die sehen ja ganz anders aus als früher!», hatte
sie am Morgen darauf leicht verkatert in der Küche erklärt,
als Hans noch schnarchend im Bett lag. «Und so viel größer
und schicker. Nur Live-Bands, weißt du, die gibt's kaum noch.
Schade eigentlich. Das war doch immer das Beste.»

Zum Abschied, Hans saß bereits im Auto und hupte, drückte
mir meine Mutter einen kirschfarbenen Lippenstiftkuss auf
die Stirn und nahm mich fest in die Arme.

Am Abend lag ich bereits in meiner winzigen Göttinger
Wohnung. Das Klavier hatte zu Hause bleiben müssen, aber
mein altgedientes, leicht zerknittertes Anti-Atomkraft-Poster
hing wieder über meinem Kopf.

Da lag ich nun, auf meiner neuen Matratze, im Schein der
mitgebrachten Tropfkerzen, mit einer Packung Salzstangen,

einer Dose Limo, den Lippenstiftabdruck meiner Mutter noch immer mitten auf der Stirn. Ich war allein, auch ohne Telefon – auf einen Anschluss musste man zu dieser Zeit noch drei Wochen warten –, ganz ohne irgendwelche Menschen, die ich kannte, und fühlte mich dennoch ganz entspannt und frei.

TEIL ZWEI

REDEMPTION SONG

An dem Tag, an dem meine Kinder zum ersten Mal alle gemeinsam zum «Summerjam» in Köln aufbrachen, dem größten Reggae-Festival weit und breit, stand ich untätig und ein wenig verloren in unserem Hausflur, zwischen Schlafsäcken und Proviantkisten, und schaute zu, wie sie aufgeregt hin und her rannten.

«Los, wir müssen die Rucksäcke zukriegen. Beeilung, Mädels!», trieb mein Sohn Jan, der schon zweiundzwanzig war, seine drei jüngeren Schwestern an. Immer, wenn er die Treppe herunterlief, wackelte der breit lachende, rastagelockte Kopf Bob Marleys auf seinem T-Shirt auf und ab.

Elena eilte ins Badezimmer und holte drei Rollen Toilettenpapier, sicher war sicher. Ihre dunkelblonden Locken waren zu über hundert Rastazöpfen geflochten, die unter ihrer selbstgehäkelten Rastafari-Mütze herausquollen. «Ich brauch noch Zahnseide und einen Einmalrasierer!», rief sie durchs Haus.

«Na, wenn du sonst keine Sorgen hast», Jan rollte mit den Augen, «das ist ein Reggae-Festival und kein Wellnessurlaub!»

Die beiden Jüngsten, Hannah und Lotta, hüpften in ihren knallbunten Pumphosen über den Flur und sangen «Redemption song» von Bob Marley durch ihre Zahnspangen vor sich hin: «Emancipate yourselves from mental slavery, none but ourselves can free our minds ...»

Da standen sie, zwischen Kisten mit Suppenkonserven, Bierpaletten, Zelten und einer eingerollten Jamaika-Flagge,

145

voller Vorfreude auf das Ereignis, auf das sie seit Monaten hinfieberten: das «Summerjam 2012». Drei Tage jamaikanische Musik und Kultur, mitten im Rheinland, an einem lauschigen See in Köln.

«Warum kommst du eigentlich nicht mit, Mama?», fragte mich Elena, während sie versuchte, ihr Handtuch mit den Hanf-Emblemen in ihren übervollen Rucksack zu stopfen.

«Ach, ich weiß nicht», antwortete ich. «Es zieht mich nicht wirklich dorthin.»

«Vielleicht nächstes Jahr?», hakte Lotta nach, die Jüngste, die gerade dreizehn Jahre alt geworden war und zum ersten Mal für zwei Tage mitkommen durfte. Vor lauter Aufregung hatte sie ihren grün-gelb-roten Kapuzenpulli mit den schwarzen Palmen darauf verkehrt herum angezogen.

«Vielleicht», murmelte ich und drückte allen vier einen Kuss auf die Wange.

Durchs Küchenfenster sah ich zu, wie unser alter VW-Bus, aus dessen heruntergekurbelten Fenstern Reggae-Beats wummerten, hinter der nächsten Straßenecke verschwand. Dann setzte ich mich an den Küchentisch und trank meinen kalten Morgenkaffee. Mein Mann, eben erst von der Nachtschicht aus dem Krankenhaus heimgekommen, hatte sich bereits vorher von allen wortreich verabschiedet (bleibt auf jeden Fall zusammen / meldet euch / trinkt reichlich Wasser, es ist heiß) und lag jetzt schlummernd im Bett. Das Haus war sonderbar still.

Nein, ich wollte nicht zum «Summerjam» mitkommen, genauso wenig wie im letzten Jahr und im nächsten Jahr vermutlich auch nicht.

Es war das Jahr 2012, ich war achtundvierzig Jahre alt, und von meinem Vater wusste ich noch immer nicht mehr, als dass er Oin hieß, Jamaikaner war und Saxophon spielte. Und schwarzlederne Schuhe getragen hatte. Dies war die einzige Information, die ich in den vergangenen dreißig Jahren noch aus meiner Mutter hatte herausholen können.

Nein, ich wollte nicht dahin. Rund um die Uhr würden dort Reggae-Bands in ohrenbetäubender Lautstärke spielen, im Zelt schlief ich schon länger nicht mehr gern, und mobile Toilettenhäuschen mochte ich noch weniger als Menschenmassen. Tausende würden dort dicht an dicht umherlaufen und tanzen, und wenn ein grauhaariger Rastafari über das Festivalgelände schlurfte, vielleicht sogar mit einem Saxophon unterm Arm, bekäme ich vermutlich Schweißausbrüche und wacklige Knie.

Sicher wären dort zahlreiche dunkelhäutige Menschen, von denen mittlerweile in Deutschland viel mehr lebten als noch zu meiner Kindheit. Sie würden mich als eine von ihnen betrachten, mir zuwinken oder mich ansprechen.

«Hey sister!», würden sie mir zurufen, obwohl ich doch so wenig ihre Schwester war, so wenig übers Schwarzsein wusste. In solchen Momenten fühlte ich mich wie eine Hochstaplerin, die ihre schwarzen Wurzeln nur vortäuscht. Es war, als hätte ich den Körperbau und das breite Kreuz einer Profi-Schwimmerin, könnte mich aber nur mühsam über Wasser halten.

Vermutlich hatte ich den zweiten Lehrsatz meines Stiefvaters einfach tief verinnerlicht: «Lass dich nicht mit Schwarzen ein! Die haben eine ganz andere Kultur.»

Mir fehlte jeglicher Berührungspunkt. Ich wusste nichts über nahezu alles: Ich hatte keine Ahnung, wie man krauses Haar pflegt. Ich war noch nie in einem Laden gewesen, in dem es Make-up für meinen Hautton gab. Und um den «Afro Shop 3001», der nur wenige Gehminuten von unserem Haus entfernt lag, machte ich immer einen Bogen.

Ganz im Gegensatz zu meinen Kindern. Es erstaunte

147

mich immer wieder: Alle vier waren komplett verrückt nach jamaikanischer Kultur. Sie konnten einen Reggaeton-Beat von einem Dancehall-Beat im Schlaf unterscheiden. Sie wussten, worin sich geflochtene Micro Braids von Open Braids unterschieden. Lotta konnte ihre blonden Krauslocken in Rekordzeit zu Rastas flechten. Jan beherrschte die wildesten Reggae-Soli auf seinem Saxophon, das er seit seinem zehnten Lebensjahr voller Leidenschaft spielte. Und Hannah hatte sich sogar ein wenig Patois selbst beigebracht, die jamaikanische Kreolsprache.

«Hey, wo hat du eigentlich diese krassen Locken her?», hörte ich einmal eine Klassenkameradin Hannah auf einem Schulfest fragen.

«Och, von meinem jamaikanischen Opa», antwortete diese so beiläufig, so selbstverständlich, als erzählte sie von ihrer letzten Matheklausur.

«Ich bin Kurdin», erklärte ein anderes Mal ein Mädchen am Badesee.

«Und wir sind Vierteljamaikanerinnen», gaben meine drei Töchter erhobenen Hauptes zurück.

Ja, meine Kinder waren viertelblütige Jamaikaner und lebten ihre Herkunft voller Stolz. Nur was ich war, wusste ich nicht.

EINE REIZENDE FAMILIE

Gleich im ersten Jahr meines Medizinstudiums war mir genau das widerfahren, wovor mich meine Mutter immer gewarnt hatte: Ich lernte den Mann kennen, mit dem ich leben wollte. Alexander, der ebenfalls Medizin studierte, war dunkelhaarig, groß und schlank, hatte einen Dreitagebart und einen Mund, der immer leicht zu lächeln schien. Dieser schlaksige, recht extrovertierte Typ, das wusste ich bereits nach wenigen Tagen, war der Mann, mit dem ich zusammenziehen, den ich heiraten und mit dem ich Kinder bekommen wollte, mindestens vier oder fünf.

«Ach du liebe Güte, warum denn jetzt? In deinem Alter. Dein Leben lief doch gerade wie geschmiert!», schlug meine Mutter ihre silberberingten Hände zusammen, als ich ihr im zweiten Studienjahr eröffnete, ich wolle mit Alexander zusammenziehen. «Himmel, du bist Anfang zwanzig! Du kannst noch hundert Männer kennenlernen. Mach nicht den Fehler deiner Mutter.»

Noch fassungsloser war sie, als ich ihr von unseren Kinderplänen erzählte. Doch ihre mahnenden Worte halfen nichts: Noch vor meinem dritten Staatsexamen wurde ich schwanger.

Jeden Morgen, bevor ich mich zum Göttinger Krankenhaus aufmachte, in dem ich mein praktisches Jahr, den letzten Teil meines Studiums, absolvierte, strich ich mir über meinen immer runder werdenden Bauch und stellte mir das braunhäutige Baby mit den niedlichen schwarzen Locken vor. Alexander hatte braunes Haar und helle Haut, doch mein Hauttyp würde sich durchsetzen, so viel war sicher. Das Dunkle setzte sich immer durch, davon war ich überzeugt, der lebende Beweis war ich, die ich meiner blonden grünäugigen Mutter kein bisschen ähnlich sah.

Als kleines Mädchen hatte ich mir nichts sehnlicher gewünscht, als dass alle sofort sahen, dass meine Mutter zu mir gehört. Bei meinem eigenen Kind wünschte ich mir jetzt, dass es meine Hautfarbe hatte, damit jeder auf der Stelle begriff, dass es meins war.

Zu dieser Zeit liebte ich die Kinderfotos von Harlan Ross Feltus, einem berühmten Fotografen, dessen Tochter Barbara später Boris Becker heiraten sollte. Riesige Fotos von braunhäutigen Kindern standen im Schaufenster eines Göttinger Fotoladens und blickten verschmitzt in die Kamera. Voller Vorfreude stand ich davor.

1990, kurz nach meinem sechsundzwanzigsten Geburtstag, kam unser Sohn Jan auf die Welt, mit dunkelbraunem, glattem Haar, dunklen Augen – und schneeweißer Haut.

In den ersten Wochen begutachtete ich ihn neugierig jeden Morgen gleich nach dem Aufwachen: War die Haut vielleicht noch ein wenig nachgedunkelt? Doch zu meinem großen Erstaunen blieb er vollkommen weiß. Nur seine Haare lockten sich von Tag zu Tag mehr und wurden immer heller, sodass sein Gesicht schon bald von einer dichten blonden Lockenpracht umgeben war.

Auch Elena und Hannah wurden mit braunem Haar und heller Haut geboren. Und als ich dachte, jetzt sei endlich einmal ein waschechtes Mulattenbaby an der Reihe (so rezessiv konnten meine Gene doch nicht sein), kam unsere Tochter Lotta zur Welt. Als die Hebamme mir das Baby nach der Geburt in die Arme legte, musste ich laut lachen, weil ich es einfach nicht fassen konnte, tatsächlich ein Kind mit semmelblonden Haaren zur Welt gebracht zu haben. Sie war so blond wie meine Mutter.

Mein Ziel, neben den Kindern meine Facharztausbildung zur Kinderärztin zu schaffen, verfolgte ich langsam und mit großen Pausen. Nach jedem Kind blieb ich ein paar Jahre zu Hause, schob den Kinderwagen über die Fußgängerwege von Krefeld, wo wir inzwischen hingezogen waren und ein altes, renovierungsbedürftiges Stadthaus gekauft und aufgemöbelt hatten. Krefeld war für mich wie eine Heimkehr, lag die kleine rheinische Stadt nur wenige Kilometer von meinem Heimatort Meerbusch und meinem Elternhaus entfernt.

Über zehn Jahre krabbelten und tobten kleine Kinder durch unser Haus. Zehn Jahre lang war unser Haus übersät mit Legohäusern, Wohnlandschaften aus Pappkartons und akribisch aufgebauten Playmobilstädten – ein Chaos, das früher, als ich Kind war und alles «ordentlich und picobello» sein musste, völlig undenkbar gewesen wäre.

An meine eigene, geheimnisvolle Herkunft dachte ich in all diesen Jahren nur selten. Statt über meinen unbekannten Vater grübelte ich über die unbekannten Viren, die bei meinen Kindern eine Bronchitis oder einen Hautausschlag verursacht hatten. Statt an die Palmen Jamaikas dachte ich an das strandnahe, kindersichere Ferienhaus an der Ostsee, in dem wir den Sommer verbringen wollten. Alexander und ich diskutierten über die Schulwahl, über Leseschwächen und den richtigen Zeitpunkt von Zahnspangen. Wir durchlebten mit den Kindern Windpocken und irgendwann den ersten Liebeskummer und Pubertätspickel. Mein Leben spielte sich komplett in der Gegenwart ab. Für mich selbst blieb kaum Raum.

Nur ganz selten blitzten meine eigenen Sehnsüchte auf, für kurze Momente. Zum Beispiel, wenn ich den Namen meines

Mannes ganz selbstverständlich als Vater in die Geburtspapiere eintrug oder wenn ich mich fragte, von wem Elena eigentlich dieses riesige Grübchen am Kinn geerbt hatte, das sonst niemand in der Familie besaß. Dann wurde mir klar, dass es irgendwo auf der Welt noch jemanden gab, dessen Gene hier mitmischten.

Auch darüber, dass ich deutlich exotischer aussah als Alexander und die Kinder, machte ich mir wenig Gedanken. Es sei denn, jemand von außen machte mich darauf aufmerksam. Und das kam gar nicht so selten vor.

Ich erinnere mich an den Sommer 2001, den wir zu sechst auf Mallorca verbrachten. Am Strand hatte sich neben uns eine andere deutsche Familie niedergelassen. Mir fiel auf, dass die blond gelockte Frau uns immer wieder verstohlen musterte. Irgendwann sprach sie mich an: «Wunderschönes Plätzchen hier, nicht? Ach, wissen Sie, ich höre Ihnen schon eine ganze Weile zu und frage mich, woher Sie so akzentfrei Deutsch sprechen.»

«Ich bin in Deutschland geboren und aufgewachsen. Das ist also kein Wunder», antwortete ich und rollte innerlich mit den Augen. Meine Familie um mich herum war komplett verstummt und hörte gespannt zu.

«Ach, und so eine reizende Familie. So süße Kinder!», lächelte die Frau.

«Danke», erwiderte ich und sah stolz über die vier blondbraunen Köpfe.

«Und Sie? Sie arbeiten also bei dieser netten Familie als Nanny?»

Meine Kinder verschluckten sich am Mineralwasser. Alexander konnte ein genervtes Stöhnen nicht unterdrücken.

«Ja, so ähnlich», murmelte ich. Anders als meine Mutter habe ich selten die Konfrontation gesucht. Um das Gespräch so schnell wie möglich zu beenden, stand ich auf und rannte mit den Kindern ins Wasser. Im Laufen fragte mich Hannah: «Mama, was ist eine Nanny?»

Wie seltsam, dachte ich in dieser Zeit manchmal: Meine ganze Kindheit hindurch wurde meine Mutter nicht für meine Mutter gehalten – und jetzt gehen meine Kinder nicht als meine Kinder durch.

Im Laufe der Jahrzehnte hatte sich in Deutschland der Blick auf Schwarze verändert. Mehr und mehr dunkelhäutige Menschen waren hergezogen. Seit den achtziger Jahren wurden sie offiziell als Afrodeutsche bezeichnet. Spätestens seit der Jahrtausendwende waren sie keine Seltenheit mehr, Afro-Shops oder schwarze Profi-Sportler waren Teil des Alltags.

Und dennoch, als dunkelhäutige Kinderärztin war ich noch immer so exotisch, dass die Eltern der kleinen Patienten, die ich nach dem Studium auf der Kinderstation des Krankenhauses betreute, meine Funktion schon mal missverstanden: «Die Krankenschwester ist sehr nett», sagten sie zu meinen Kollegen, «aber warum sehen wir nie einen Arzt?»

Und erst vor kurzem hatte ich, nach einem Urlaub noch brauner als sonst, das Sprechzimmer meiner Kinderarztpraxis betreten, die ich inzwischen führte. In dem Zimmer saß eine Mutter mit ihrem Sohn. Die Frau sah mich mit großen, erstaunten Augen an und sagte zu ihrem Sohn: «Guck mal Julius, ein Neger!», ehe sie ohne Atempause mit einem freundlichen Lächeln hinterherschob: «Guten Tag, Frau Doktor Weber! Mein Sohn hat neununddreißig Fieber, was sollen wir nur tun?»

Ansonsten aber machte ich mir in diesen Jahren eher wenig Gedanken über meine schwarzen Wurzeln und meinen unbekannten Vater. Bis meine Kinder auf einmal groß genug waren, um mich danach zu fragen.

BOHRENDE FRAGEN

Neben Jamaika und Reggae interessierten sich Jan, Elena, Hannah und Lotta noch für eine andere Sache: ihren unbekannten Opa. Der ihnen zustand, auf den sie doch ein Anrecht hatten.

Alle vier wollten mehr über ihren jamaikanischen Großvater wissen, aber niemand brannte darauf so sehr wie meine Tochter Hannah. Gerade sechzehn Jahre alt, steckte sie mitten in der Pubertät und war wild auf Identitätssuche. Musikalisch begleitet von Reggae-Beats, von Peter Tosh, King Daddy Yod oder Ziggy Marley, Sänger, die ich selbst kaum auseinanderhalten konnte, zeichnete oder malte sie bis tief in die Nacht in ihrem Jugendzimmer. Über ihrer Staffelei hing ein riesiges Poster: Jamaikaner verschiedenster Hautfarben standen darauf zwischen Hängematten und Kokospalmen, im Hintergrund das Meer, darunter der Schriftzug «Out Of Many, One People» – Aus vielen ein Volk, das Landesmotto Jamaikas. Jede Woche ging sie zum Dancehall-Training, einer modernen Reggae-Version, deren musikalische Besonderheiten mir Hannah immer zu erklären versuchte, die ich aber nie ganz begriff.

«Mama, eins versteh ich nicht», sagte sie eines Abends, als sie unter ihrer grün-gelb-roten Bettdecke lag und ich ihr einen Gutenachtkuss gab. «Bist du denn gar nicht neugierig? Hast du nicht doch Lust, nach deinem Vater zu suchen? Es wird Zeit. Er wird auch nicht jünger. Du könntest doch überall Zettel aufhängen. Oder im Internet suchen.»

«Nach Oin?», fragte ich. «Das habe ich schon versucht. Da ist rein gar nichts zu finden.»

Alle paar Jahre hatte ich tatsächlich zögerliche Schritte in Richtung Vatersuche unternommen. Einmal war ich sogar ins nahegelegene Wuppertal gefahren und hatte die Adresse des Clubs aufgesucht, in dem meine Mutter damals das Konzert von Oin und seiner Band gehört hatte. Unschlüssig hatte ich vor der Eingangstür gestanden, mittlerweile war dort ein Handyladen. Der blutjunge Verkäufer wusste nicht einmal, dass es diesen Club namens «Ronny's Tanzkeller» überhaupt gegeben hatte.

Und manchmal, wenn mich meine Kinder in ein Musikgeschäft mitschleppten, ertappte ich mich noch immer dabei, wie ich die Plattenhüllen betrachtete, auf der Suche nach einem schwarzen Saxophonisten, ehe ich hinüberwechselte in die Ecke mit klassischen Klavierkonzerten.

Und ja, gerade erst vor kurzem hatte ich im Internet nach meinem Vater gefahndet und seinen Vornamen, Oin, in die Suchmaschine eingetippt.

Die Treffer: 1. ein winziges Dorf in Spanien und 2. ein stark behaarter, mürrischer Zwerg aus Tolkiens «Herr der Ringe». Und als ich «Oin Jamaica» eingab, vervollständigte die Suchmaschine die eingetippten Wörter automatisch zu «Join Jamaica», ein anders Mal sogar zu «In Jamaica kiffen».

«Heißt er denn wirklich Oin?», fragte Hannah und setzte sich auf ihrem Kissen auf. «Was ist denn das überhaupt für ein bekloppter Name! Der klingt doch wie aus einem schlechten Fantasy-Film. War Oma vielleicht betrunken damals, was meinst du?»

«Oma sagt, er heißt Oin», erwiderte ich, «und wenn Oma das sagt, dann wird es auch stimmen.»

«Ach komm», warf Hannah ein, «Oma sagt auch, dass ihre

Pflanzen mit ihr sprechen und dass ihre verstorbenen Verwandten nachts bei ihr klopfen. Mama, glaubst du ihr denn wirklich? Man merkt sich doch die Namen der Männer, mit denen man zusammen war. Erst recht, wenn man mit ihnen ein Kind hat.»

Aus dem Nebenzimmer forderte bereits Lotta ihren Gutenachtkuss ein. Ich suchte nach ein paar passenden Worten, um das Gespräch zu beenden.

«Weißt du, Hannah, ich bin jetzt achtundvierzig Jahre alt. In meinem Alter braucht man keinen neuen Vater mehr. Und irgendwie habe ich ja auch einen Papa. Hans.»

Tatsächlich: Ein Grund, weshalb ich meinen Vater eigentlich auch gar nicht finden wollte, war der Umstand, dass da ja schon ein «Papa» war.

Ach, sag doch ruhig Papa zu Hans, Juschilein! Die beschwörende Stimme meiner damals 25-jährigen Mutter hatte ich noch immer im Ohr. «*Ja, ich habe wirklich nichts dagegen, wenn du Papa sagst, Jutta*», hatte Hans ihr vorsichtig beigepflichtet. Sonst hatte er mich nie um etwas gebeten, sondern nur Anweisungen ausgegeben, aber in diesem Fall war es anders. An seinen bittenden, fast ängstlichen Blick erinnere ich mich bis heute.

Wie sollte ich Hans, den ich zeitlebens «Papa» genannt hatte, jemals erklären, dass es da plötzlich noch jemanden anderen gab? «Hallo, Papa, was ich dir sagen wollte: Ich habe jetzt meinen Vater gefunden. Also meinen richtigen Vater!» Wie stur und cholerisch er auch immer gewesen war, er hatte uns bei sich aufgenommen, damals, als meine Mutter und ich buchstäblich auf der Straße standen. Er hatte mich durchgefüttert, mich mit großgezogen, wenn auch auf seine eigenwillige Art. Würde ich meinen biologischen Vater tatsächlich je finden, hätte ich das Gefühl, ihn damit zu verraten.

Hannah lag unter ihrer Decke und sah mich eindringlich an,

als wollte sie sich meine Gesichtszüge ganz genau einprägen für ihr nächstes Bleistiftporträt.

«Ich glaube dir nicht», sagte sie dann. «Nein, ich glaube dir nicht. Du musst doch vor Sehnsucht fast platzen.»

«Dann glaub mir halt nicht. Und jetzt schlaf schön», murmelte ich und löschte das Licht. «Und wenn du weitere Fragen hast: Wende dich an Oma.»

Das hätte ich nicht sagen sollen. Denn genau das tat Hannah. Und ihre Geschwister gleich mit.

Jeden Freitag kam meine Mutter aus Meerbusch zu uns und versorgte ihre geliebten Enkel mit selbstgekochten Kohlrouladen, Rheinischem Sauerbraten und genau denselben schillernden Geschichten, mit denen auch ich aufgewachsen war. Und genau wie ich damals hingen meine Kinder an ihren Lippen.

Elegant wie eine leicht betagte Diva saß meine Mutter am Kopf unseres Küchentischs: in ihrem engen Etuirock, in hauchdünner, knallbunter Bluse, vom Scheitel bis zur Highheel-Sohle mit ihren siebzig Jahren noch immer perfekt gestylt. Das kurze, akkurat in Form geföhnte Haar, das ich in meinem ganzen Leben nie in seiner Naturfarbe gesehen hatte, war noch immer hellblond gefärbt. Ihre Fingernägel waren wie eh und je lang, spitz zugefeilt und immer bunt lackiert. In ihrem sorgsam geschminkten Gesicht umspielten ein paar Falten Augen und Mund, aber schön war sie noch immer.

Auch von ihrer Schwangerschaft mit mir erzählte sie meinen Kindern und wie sie versucht hatte, den Embryo wieder loszuwerden, weil sie ihr unabhängiges Leben nicht aufgeben wollte: «Und dann bin ich, HOPP, vom Küchentisch heruntergesprungen, und PLUMPS, auf den Fußboden!»

Inzwischen hörte ich diese Geschichten gar nicht mehr gern.

Mehr und mehr erschienen sie mir wie ein Gerüst, zwischen dessen Stäben irgendwo die interessanteren, die wesentlichen Details lagen. Es waren sorgsam durchstrukturierte Anekdoten, die mehr verhüllten, als sie preisgaben.

Als sie klein waren, hatten meine Kinder über diese Geschichten lauthals gelacht. Doch jetzt waren sie älter, jetzt stellten sie alles in Frage, nichts nahmen sie einfach so hin.

«Aber Oma, wenn du doch wusstest, dass der Mann Mamas Vater war, warum hast du dann den Nachnamen nirgendwo aufgeschrieben?», fragte Hannah.

«Ja, darf denn nicht jedes Kind einen Vater haben?», wollte Elena wissen.

«Komm, Omilein, man weiß doch den Namen des Mannes, mit dem man zusammen war. Du brauchst doch jetzt keine Angst mehr zu haben, dass er dir deine Tochter wegnimmt. Also rück raus mit der Sprache», versuchte es Jan.

Meine Mutter blieb dabei: Der Mann hieß Oin, war Jamaikaner, spielte Saxophon, und ihre Enkel sollten sich jetzt endlich die dreckigen Hände waschen, bevor sie sich über ihren schönen Sauerbraten hermachten.

«Aber Oma, wenn Opa Hans so blöd war, wie du immer sagst, warum bist du nicht mit Mats und Mama ausgezogen?», ließ Hannah einfach nicht locker. «Die Mutter meiner Freundin Julia hat das auch gemacht. Die wohnt jetzt mit ihr alleine.»

«Ach Kinder, das waren doch andere Zeiten», sagte meine Mutter dann jedes Mal. Das war ihre Standardantwort auf alles. «Und jetzt sagt mir lieber, ob euch mein Essen schmeckt. Oder braucht es noch mehr Pfeffer?»

«Nee, Oma, andere Zeiten hin oder her ...» Hannah war hartnäckig. «Jetzt sag doch mal, warum hast du ihn nicht einfach verlassen?»

HELGAS PARADIES

Warum verlässt du ihn nicht einfach, Mama?»
Das hatte ich sie auch oft gefragt, damals, als ich
in Göttingen Medizin studierte und meine Mutter wieder einmal am Telefon darüber klagte, wie Hans am Vorabend im
Suff eine ihrer schönen Schallplatten gegen die Wand geworfen hatte. «Ausgerechnet Miles Davis, die krieg ich nie wieder
nach! Was sagtest du gerade, Juschi? Ich soll den Wüterich
verlassen? Ach, das kann ich nicht. Dein Bruder wohnt doch
noch zu Hause. Ein Junge braucht seinen Vater. Na, was soll's,
das steh ich schon irgendwie durch.»

Ein halbes Jahr nachdem mein Bruder Mats nach Düsseldorf in ein Studentenwohnheim gezogen war, wurde plötzlich
die Wohnung über meinen Eltern frei. Meine Mutter hatte
eine Idee. Sie wollte diese Wohnung anmieten und darin ein
Geschäft für Damenmode aufmachen. Nach vierundzwanzig
Jahren Hausfrauendasein brannte sie darauf, endlich wieder
zu arbeiten und ihr eigenes Geld zu verdienen. Um das Geld
für Miete und Kaution aufzubringen, brauchte sie jedoch das
Einverständnis ihres Ehemannes.

Hans grübelte. Einerseits schien ihm das Ganze eine seltsame Idee: einen eigenen Laden aufzumachen, noch dazu
in einer ganz normalen Mietwohnung. Zwar war seine Frau
gelernte Einzelhandelsverkäuferin, hatte früher in einem
Plattenladen gearbeitet und auch von ihm, bei «Lebensmittel
Lüdemann», so einiges gelernt – aber Klamotten waren nun

159

mal eine ganz andere Hausnummer als Schallplatten oder Gemüse. Und wie sollte sie sich nebenbei ordentlich um den Haushalt kümmern und ihm abends pünktlich seine Bratkartoffeln zubereiten?

Andererseits gab es ein schlagendes Argument: «Mit dem Laden kann ich doch prima zum Haushaltseinkommen beitragen», machte meine Mutter ihm ihre Pläne schmackhaft.

Die Aussicht auf ein zweites Einkommen war verlockend. In der Firma, bei der Hans EDV-Zubehör verkaufte und zum ersten Mal seit Jahren nicht ans Kündigen dachte, verdiente er nicht schlecht. Doch mit einem zweiten Einkommen könnte man sich auch mal etwas leisten, zum Beispiel einen dieser sündhaft teuren Videorekorder, ein topmodernes Autotelefon oder einen Hotel-Urlaub, mit Whirlpool, Solarium und allem Drum und Dran, nur er und Helga. Und schließlich musste seine Frau zum Arbeiten nicht einmal aus dem Haus gehen.

Und so willigte Hans schließlich ein.

Die nächsten Wochen verbrachte meine Mutter damit, die neue Wohnung zu renovieren und das größte Zimmer zu einer Verkaufsfläche umzugestalten. Sie besorgte Regale und Kleiderständer. Sie lernte, Stangen anzudübeln und eine Bohrmaschine zu bedienen. Noch nie hatte ich sie so Feuer und Flamme gesehen, so umtriebig und gut gelaunt wie in jenem Frühsommer 1986, als ich ihr übers Wochenende beim Renovieren half.

Aus einer fliederfarbenen Gardine und einer Besenstange baute sie eine Umkleide. Sie kaufte einen großen Spiegel, der eine Wand des Verkaufsraumes fast vollständig ausfüllte, und erwarb günstig hundert Kleiderbügel bei einem Discounter.

Als alles tipptopp eingerichtet war, fuhr sie mit ihrem tiefblauen R4, diesem alten, charmanten Kastenwagen von Renault, zu einem Großhandel kurz vor Düsseldorf. Mit riesigen Säcken voller günstiger Kleidung kehrte sie wieder nach Hause zurück. All die Abendkleider mit gewagten Rückenausschnitten, Blazer mit Schulterpolstern, Karottenjeans und Steghosen hängte sie ordentlich an Stangen. Ganz zum Schluss meldete sie ihr eigenes Gewerbe an und hängte ein kleines Schild an die Klingel: «Helgas Kleider-Paradies».

Schnell sprach es sich in ganz Meerbusch herum, dass man bei Helga Lüdemann günstig einkaufen konnte und dazu noch perfekt beraten wurde, und so verdiente meine Mutter schon nach wenigen Wochen ihr eigenes Geld. Sie war gern dort oben, in ihrem neugeschaffenen Reich. So gern, dass sie mit den Wochen immer öfter auch abends, nach Ladenschluss, länger in der neuen Wohnung blieb. Stundenlang dekorierte sie die drei Zimmer um, zählte die D-Mark-Scheine oder telefonierte mit Mats oder mir, mit dem neuen Telefonanschluss, den sie sich für den Laden besorgt hatte.

Als meine Mutter auch noch ihren Plattenspieler nach oben trug, schaute Hans erstaunt von seiner Zeitung auf.

«Die Kundinnen freuen sich über ein bisschen Musik, das animiert sie zum Kaufen», beruhigte sie ihn.

Doch als Hans eines Abends von der Arbeit heimkam, wartete er zum ersten Mal vergeblich auf seine Feierabendbratkartoffeln – und auf seine Frau, die es vorzog, die Nacht in der oberen Wohnung auf einem neugekauften Bett zu verbringen.

Und dann eine weitere Nacht. Und schließlich jede. Genau drei Meter über ihrem Ehemann hatte sie sich ein neues, eigenes Leben geschaffen, so langsam und schrittweise, dass Hans es zunächst kaum gemerkt hatte.

Als er es schließlich realisierte und ihm meine Mutter auf sein Nachfragen nur lapidar entgegnete, ihre Beziehung sei doch schon längst am Ende gewesen, man habe sich schließlich nur noch von Streit zu Streit geschleppt, waren seine Wut und seine Kränkung grenzenlos.

«Deine Mutter hat mich verlassen!», brüllte er mitten in der Nacht in den Telefonhörer. «Einfach so! Ohne Grund!», polterte Hans, so laut, dass ich den Hörer ein Stück weghalten musste.

Natürlich hatte ich die Neuigkeit bereits von meiner Mutter gehört und hätte gern mit ihr und einem Glas Sekt auf diesen weisen Entschluss angestoßen.

«Das tut mir leid für dich», murmelte ich halbherzig in den Hörer.

«Für mich? Für sie!», brüllte Hans. «Aber das Luder wird sich schon noch wundern. Das wird sie bereuen! Wenn sie dann bei mir wieder angekrochen kommt, dann wartet sie vergeblich, da kann sie Gift drauf nehmen!»

Ich sagte, dass ich jetzt leider Schluss machen müsse. Dass ich es für ausgeschlossen hielt, dass sie je wieder bei ihm angekrochen käme, sagte ich ihm nicht.

«Sie hat alles kaputtgemacht», schrie Hans unbeirrt weiter, «nach allem, was ich für sie getan habe! Sie hat doch gelebt wie Gott in Frankreich. Gerade letztes Jahr habe ich ihr eine neue Couchgarnitur gekauft. Und mit ihrer Schuhsammlung kann sie ein ganzes Dorf einkleiden. Sie konnte doch machen, was sie wollte. Alles habe ich für sie getan. Und wofür? Dafür, dass ich jetzt allein hier hocke. Der Mohr hat seine Schuldigkeit getan, der Mohr kann gehen!»

Ich schluckte unwillkürlich bei dem letzten Satz und versuchte, an seiner Stimme zu erkennen, wie betrunken er war. Aber da er so laut schrie, konnte ich keine Nuancen heraushören.

Doch Hans gab nicht auf. Gleich am nächsten Tag kaufte er einen Strauß weiße Hortensien, die meine Mutter so liebte, die schönsten der ganzen Stadt. Er ließ sein mittlerweile leicht schütteres Haar zu einem modischen Herrenschnitt schneiden. Er bettelte nachts im Treppenhaus vor ihrer Wohnungstür, sie möge doch zu ihm zurückkommen.

Als sein Bitten und Flehen nichts bewirkte, trat er nachts betrunken gegen ihre Tür und verfluchte sie als Ehebrecherin, aber sie ließ lediglich einen Sicherheitsriegel in ihre Wohnungstür einbauen und kam nicht mehr zurück.

«Mein Gott, den Kerl bin ich los. Wie lang waren wir zusammen? Über zwanzig Jahre! Das reicht aber auch», erklärte sie mir am Telefon.

«Wie geht's dir denn jetzt, Mama?», wollte ich wissen.

«Blendend. Einfach spitze. Der Laden brummt», sagte sie, und ich konnte hören, wie sie am anderen Ende der Leitung genüsslich den Rauch ihrer Zigarette ausblies, natürlich am offenen Fenster, damit sich der Qualm nicht in der kostbaren Ware verfing. «Und weißt du, wo ich gestern Nacht war, Juschilein? Tanzen! Im Hotel Hilton. Die ganze Nacht. Die haben da so eine schicke Diskothek im Keller. War das ein Spaß. Und so nette Kerle! Einer hat mich nach Hause gefahren. In seinem Cabrio. Nächsten Freitag geh ich da wieder hin.»

War dies wirklich meine Mutter?, fragte ich mich ungläubig. Bisher kannte ich sie nur zu Hause herumwerkelnd oder mit Hans vor dem Fernseher, in der Küche am Mixer, mit Märchenbuch an unserem Kinderbett. Von ihren wilden Zeiten wusste ich nur aus ihren alten Geschichten, Geschichten, so fern wie das deutsche Wirtschaftswunder, mit dem mittlerweile auch nicht mehr viel los war, ja, so fern wie der Vietnamkrieg oder der Tod von Martin Luther King.

Statt Ilja Richters «Disco» im Fernsehen gab es für meine Mutter auf einmal Partys bis zum Morgengrauen, statt dieses einen verbohrten Gatten interessante, weltoffene Männer, und statt des immer gleichen Hausfrauendaseins ihr florierendes Geschäft. So übergangslos knüpfte sie an ihre lebenslustigen Jahre von damals an, als hätte es die zwanzig Jahre dazwischen nicht gegeben.

Tagsüber war meine Mutter jetzt die perfekte und fleißige Verkäuferin. Nach Feierabend schlüpfte sie in ihre atemberaubendsten Highheels, um fröhlich pfeifend das Haus zu verlassen und in den Diskotheken der Region die Nacht zum Tag zu machen.

Mein Bruder und ich waren anfangs irritiert. Aber weil sie uns gegenüber weiterhin mütterlich und liebevoll blieb, akzeptierten wir ihr neues Leben. Ja, es schien auf einmal ein ganz natürlicher Teil von ihr zu sein. Und es machte sie glücklich.

Jedes abenteuerliche Detail erzählte sie mir, platzend vor Stolz, am nächsten Morgen am Telefon: «Und dann haben wir getanzt. Und zwar barfuß. Wir haben einfach die Schuhe weggekickt, und dann ging's erst richtig los. Wir haben gezappelt, bis es draußen hell wurde. Habe mir ein Taxi nach Hause genommen. Und weißt du, wer neben mir auf der Rückbank saß?»

«Ach Mama, ich freu mich ja für dich», beteuerte ich, «aber nimm's mir nicht übel: Wen du mit nach Hause genommen hast, möchte ich so genau gar nicht wissen.»

«Na gut, dann erzähle ich dir eben erst von Rainer, wenn ich ihn wiedertreffe. Falls ich ihn wiedertreffe. Nächste Woche werde ich einen anderen Tanzschuppen ausprobieren. Die Nachtresidenz in Düsseldorf soll der Knaller sein, das weiß ich von einer Kundin. Da soll es sogar eine richtige Lightshow geben und ein Mitternachtsbuffet. Na, jetzt muss ich aber mal wieder weiterarbeiten, die neue Ware in die Regale räumen.»

«Warte mal, Mama, da ist noch was», sagte ich und spürte plötzlich mein Herz klopfen. Eine Sache lag mir schon seit

Tagen auf der Seele. «Jetzt, wo du dich von Hans getrennt hast, wollte ich einmal nachfragen, ob dir vielleicht doch noch irgendetwas zu meinem Vater einfällt?»

«Ach, mein Mädchen, geht dir das denn niemals aus dem Kopf?», antwortete meine Mutter. «Ich kann dir da wirklich nicht weiterhelfen. Gut sah er aus. Wie eigentlich alle Schwarzen. Die Lippen, die Wangenknochen, die Schultern ... Gestern Abend war da auch so einer, aus Ghana. Himmel, hatte der einen Hüftschwung!»

AKRIBISCHE RECHERCHE

Dass seine Frau ihn verlassen hatte, war für Hans damals bereits Demütigung genug. Doch als Helga kurz darauf auch noch begann, die Nächte durchzutanzen, mit irgendwelchen wildfremden Männern, das schlug dem Fass den Boden aus, das war für ihn schiere Folter.

Wenn meine Mutter abends mit ihrem Renault davonfuhr oder Richtung Straßenbahnhaltestelle davonstöckelte, saß Hans hinter den Gardinen seiner Wohnung und beobachtete seine Verflossene durch das Küchenfenster, vor Eifersucht kochend.

«Deine Mutter macht sich schon wieder auf, um irgendwelche Kerle abzuschleppen!», rief er mich dann an. «Hat sich in Schale geworfen. Ich wette, das verdorbene Miststück kommt erst wieder zurück, wenn die Sonne aufgeht. Anständige Menschen verbringen die Nacht in ihren Betten, aber nicht deine Mutter. Die tingelt durch die Weltgeschichte!»

Die Akribie, die er in seine Nachforschungen legte, war traurig und irrwitzig zugleich. Er schien fast das gesamte Wochenende am Küchenfenster zu verbringen und die Wohnung zugunsten seiner «Recherche» kaum mehr zu verlassen.

«Hmmm», entgegnete ich.

Grußlos hängte mein tobender Stiefvater jedes Mal ein, um am nächsten Morgen wieder anzurufen.

«Weißt du, wann deine Mutter gestern Nacht nach Hause kam? Um 4 Uhr 42! 27 Minuten später als vorgestern. Und jetzt halt dich fest: Neben ihr stieg aus dem Taxi – ein Schwarzer. Ein Schwarzer, Jutta!», rief er aus, als sollte mich das schocken. «Deine Mutter, diese Rumtreiberin! Und jetzt verlangt sie auch noch die Scheidung!»

«Hmmm», murmelte ich, wenig überrascht über diese Neuigkeit.

Manchmal legte ich den Hörer für ein paar Minuten zur Seite, um Jans Windel zu wechseln. Hans merkte es nicht einmal. Er tobte ohne Punkt und Komma, ohne Rücksicht darauf zu nehmen, dass ich vielleicht gerade stillte, dass irgendwer durch seinen Anruf geweckt wurde und dass es zufällig meine Mutter war, die er in Grund und Boden verfluchte.

«Hmmm …»

«Du immer nur mit deinem Hmmm, Hmmmm, HMMMM!», brüllte Hans. «Ja fällt dir denn gar nichts anderes dazu ein, dass deine Mutter ihr Leben hinwirft und meins noch obendrauf? Das ist der feinen Frau Ärztin egal, wie? Du hältst dich immer nur fein raus, verdammt noch mal!»

«Papa, ihr seid getrennt», antwortete ich gereizt. «Mich geht das alles nichts an.»

«Wie kommst du darauf, dass dich das nichts angeht?», schrie er wie von Sinnen. «Als anständige Tochter könntest du wenigstens versuchen, deine Mutter zur Vernunft zu bringen. Das ganze Dorf redet über sie, und ich stehe da wie ein Trottel!»

Noch viele Jahre lebten meine Mutter und Hans unter demselben Dach, wenn auch in verschiedenen Wohnungen. Wenn sie sich im Hausflur oder im Hof bei den Mülltonnen zufällig über den Weg liefen, was ständig vorkam, sprachen sie kein Wort miteinander.

Wann immer ich meine Mutter besuchte, fühlte es sich seltsam an, danach auf einen kleinen Pflichtbesuch zu meinem Stiefvater zu gehen, ein paar Treppenstufen tiefer. Meist parkte ich so, dass Hans mein Auto nicht von seinen Fenstern aus sehen konnte, und schlich mich dann an seiner Wohnungstür vorbei, oder ich fuhr genau dann zu meiner Mutter, wenn ich wusste, dass Hans bei der Arbeit war. Ich war froh, wenn ich vergeblich an seiner Wohnungstür klingelte, an der inzwischen nur noch «Hans Lüdemann» stand. Aber durch irgendwelche mitteilungsfreudigen Nachbarn bekam er meine Besuche meist heraus. «Frau Mischke hat dich auf der Straße gesehen. Du warst wieder bei deiner Mutter, stimmt's? Mal wieder rein zufällig, als ich nicht da war, hab ich recht?»

Unser Verhältnis verschlechterte sich von Jahr zu Jahr. Am Telefon wurde Hans immer lauter, und immer öfter wünschte ich mir heimlich, er riefe nie mehr an. Doch daran war nicht zu denken. Lautstark wetterte er über «das verdorbene Früchtchen da oben», auch noch als er irgendwann über eine Zeitungsanzeige eine neue Lebensgefährtin fand, die Gertrud hieß, eine gutmütige, schweigsame Frau war und schließlich mit ihren geliebten Kakteen und ihrer Porzellanenten-Sammlung bei ihm einzog. Trotzdem beäugte Hans weiterhin jeden Schritt meiner Mutter.

Eines späten Abends, um Mitternacht herum, rief er mich wieder einmal an. Ich sah seinen Namen auf dem Telefon-Display und wollte den Anruf ignorieren, aber als Lotta, das jüngste meiner inzwischen vier Kinder, mit ihrem Teddy im Arm verschlafen aus ihrem Zimmer kam, hob ich doch den Hörer ab.

«Deine Mutter kam gestern wieder erst im Morgengrauen nach Hause! Mit Ihrem NEUEN. Ein Schwarzer! Ein Schwarzer, Jutta!», polterte er los, ohne mich zu begrüßen.

«Aber Papa, du hast doch jetzt auch Gertrud», sagte ich,

«was geht es dich noch an? Und überhaupt», ich war müde und an diesem Tag genervt, «warum fragst du denn nie, wie es mir geht? Oder Alexander? Oder deinen Enkeln?»

«Meine Enkel? Die kriege ich ja fast nie zu Gesicht, aber mit ihrer durchgeknallten Oma scheinen sie ja ganz dicke zu sein. Mit denen bekommt ihr sicher noch Spaß, wenn die mal größer sind!», fiel mir Hans ins Wort.

Es war schon spät, ich hatte die letzte Nacht schlecht geschlafen, und es war verdammt noch mal meine Mutter, über die er so gnadenlos herzog.

«Hör mal», Papa!, wollte ich sagen, schluckte aber das letzte Wort noch rechzeitig hinunter, «hör mir jetzt mal zu. Ruf mich bitte erst wieder an, wenn du dabei meine Mutter aus dem Spiel lassen kannst.» Grußlos legte ich auf. Dann trug ich Lotta zurück ins Bett.

Tage und Wochen vergingen, Hans rief nicht mehr an. Erst war ich besorgt. Hatte ich ihn zu sehr verprellt? Verdiente dieser gebrochene, in die Jahre gekommene Mann nicht etwas Verständnis oder wenigstens Nachsicht? Doch mit den Monaten war ich über die plötzliche Funkstille mehr und mehr erleichtert.

Inhaltsleere, vorgedruckte Weihnachts- und Geburtstagskarten kursierten weiter zwischen uns hin und her, sonst nichts. Ein Jahr später erzählte mir meine Mutter, Hans und Gertrud seien in ein Haus ein paar Dörfer weiter gezogen. Auf dem Weg zu meiner Mutter lief ich Hans somit nicht mehr über den Weg.

Und schließlich, nach vielen ausschweifenden Partyjahren, ging auch meine Mutter wieder eine feste Beziehung ein. Eines Abends erspähte sie hinter der Theke einer Düsseldorfer Disco den blendend aussehenden Musa, der, wie sich bald herausstellte, dreizehn Jahre jünger war als sie.

Als Jugendlicher war er aus Gambia geflüchtet. Musa sah gut aus, war voller Lebensfreude und seine Mix-Künste als Barmann waren in ganz Düsseldorf bekannt. Sein Akzent und seine charmanten sprachlichen Verdreher zogen die Frauen, denen er mit strahlend weißem Lächeln farbenfrohe Cocktails servierte, magisch an – und von diesem ersten Abend an war auch meine Mutter von Musa hin und weg.

Dieser ruhige, tolerante Mann machte sie glücklich und wurde zu einer späten, großen Liebe. Auch wenn sich die Zeiten geändert hatten, war es noch immer eine Sensation, als Musa zu ihr in die Wohnung zog und die beiden nach vielen Jahren sogar heirateten – meine blonde 63-jährige Mutter und der viel jüngere Schwarzafrikaner.

Auf dem Hochzeitsfoto hält sie einen großen weißen Hortensienstrauß und strahlt überglücklich in die Kamera, sicher, diesmal neben dem richtigen Mann zu stehen.

ANREGENDE LEKTÜRE

Eines Morgens im Herbst 2012 stieß ich in der Zeitung auf das Foto einer dunkelhäutigen Frau mit fröhlichen großen Augen, die mich sofort faszinierte. Im Text stand, dass sie eine Schriftstellerin aus London war, die Andrea Levy hieß und deren Eltern aus Jamaika stammten.

Lange betrachtete ich das Bild. Ich hatte noch nie eine Frau mit jamaikanischen Wurzeln getroffen. Ja, ich hatte praktisch überhaupt keinen Kontakt zu Schwarzen, außer zu David, meinem alten Freund und Babysitterkind aus Kindertagen, den ich ab und an traf. Seine Eltern hatten sich getrennt, sein Vater war früh gestorben, und es hatte gedauert, bis er einen Job gefunden hatte, den er mochte. Inzwischen arbeitete er als Kunstfotograf in Düsseldorf. Am ganzen Körper tätowiert, war er ein Kunstwerk an sich.

Die Autorin Andrea Levy hatte einen autobiographisch gefärbten Roman geschrieben, der den Titel «Eine englische Art von Glück» trug. In wenigen Tagen würde sie in einer Kölner Buchhandlung daraus vorlesen. Ich schnitt den Zeitungsartikel aus und pinnte ihn an den Kühlschrank. Vielleicht sollte ich hingehen. Das wäre sicher ganz interessant. Doch vielleicht würde der Abend auch irgendwelche verborgenen Sehnsüchte wachrufen, und das wollte ich gern vermeiden.

Schließlich war es Alexander, der mich überredete, gemeinsam dorthin zu gehen, nur wir beide. Schon seit Monaten waren wir nicht mehr zu zweit ausgegangen. Die Lesung würde sicher spannend für mich sein und der Rotwein in Buchhandlungen sei meistens sehr zu empfehlen, versicherte Alexander, also gingen wir hin. Ich wusste nicht recht, was mich erwartete, und war froh, dass er mitkam.

Die Buchhandlung lag in einer Seitenstraße der Kölner Innenstadt und war bereits brechend voll, als wir eintrafen. Anscheinend war die Autorin sehr bekannt. Überall tummelten sich Menschen, auf Stühlen, auf dem Fußboden sitzend, an Bücherregale gelehnt. Wir stellten uns in die hinterste Reihe und lehnten uns an ein Bücherregal mit Esoterik-Titeln. Kurz darauf ploppte ein Finger gegen das Mikro, und schon ging es los.

Zwischen den Köpfen hindurch konnte ich Andrea Levy sehen, die neben dem kleinen rothaarigen Moderator saß. Sie trug eine hochgeschlossene hellblaue Bluse. Ihre Locken waren elegant kurz geschnitten und umgaben eine ebenmäßige, hohe Stirn. Ihre Augen wirkten noch klüger, noch wacher als auf dem Bild in der Zeitung.

Aber das Faszinierendste war ihre Stimme. Auf Englisch las sie die ersten Romanseiten vor. Dunkel, ruhig, beinahe hypnotisch klangen die Worte durch den übervollen Raum. So eine tiefe, volle Frauenstimme hatte ich noch nie gehört: «I thought I'd been to Africa. Told all my class I had ...»

Ich lauschte den melodischen Sätzen, die davon erzählten, wie eine junge jamaikanische Frau mit hochfliegenden Plänen ihrem Ehemann nach London folgt und dort bitter enttäuscht wird. Die Handlung sprang zwischen dem sonnenbeschienenen Kingston auf Jamaika und dem nasskalten, vom Zweiten Weltkrieg zerstörten London hin und her. Die Sätze waren voller Scharfsinn und Leichtigkeit zugleich.

Im Anschluss las der Moderator zwei Kapitel aus der Übersetzung: «In dem Moment, in dem ich ihn sah, fiel mir die

Papaya aus der Hand; ihr rosaorangerotes Fruchtfleisch zerplatzte auf meinem Fuß, bespritzte mein Bein mit kieselschwarzen Samenkernen ...»

Ich hatte diese ferne Insel Jamaika mit einem Mal deutlich vor mir: Sonne rund ums Jahr, das tropische Klima, Pflanzen und Früchte überall, die Strände, das Leben am Wasser. Den Kontrast zwischen dem vielen Licht, den bunten Farben hier und dem düsteren, regengrauen, zerstörten London dort.

Nach der Lesung ging der Moderator zum Gespräch über. Wie selbstsicher und wortgewandt die Schriftstellerin all die Fragen des leicht steifen Moderators beantwortete, so wortgewandt, wie ich selbst niemals sein könnte. Andrea Levy war die erste intellektuelle Schwarze, die ich in meinem Leben sah. Und sie war Jamaikanerin. Sie hatte dasselbe karibische Blut wie ich. Ihr Haar lockte sich genau wie meines, und sie kannte die Insel, auf der mein Vater mutmaßlich lebte, die Insel, von der sie so begeistert, so plastisch erzählte, als ginge ich in diesem Moment auf ihr umher, durch die kleine Stadt am Meer, in der die Autorin als junges Mädchen bei ihren Großeltern ihre schönsten Sommer verbracht hatte.

Auch Andrea Levy war zwischen Weißen aufgewachsen als einziges dunkelhäutiges Kind, in einem noblen Londoner Stadtteil. Sprühend vor Witz erzählte sie von selig lächelnden englischen Ladys, deren faltige Hände ihren dichten Lockenkopf durchkämmten, als wäre sie ein putziger Pudel, und von unangenehmen Begegnungen auf dem Schulhof. Die Parallelen zwischen ihrer und meiner Kindheit waren wirklich verblüffend, als gäbe es kaum einen Unterschied zwischen der multikulturellen Weltstadt London und dem winzigen Meerbusch.

Nach der Lesung kaufte ich mir den Roman, und Alexander besorgte uns ein Glas Rotwein. Er wollte am Krimi-Regal auf

173

mich warten, während ich mich mit dem Weinglas in der Hand durch das Menschengewusel Richtung Autorentisch arbeitete. Im Vorbeigehen wurde ich angerempelt, und ich handelte mir auf meiner weißen Bluse ein paar kleine Weinflecke ein.

Eine Frau mit hochgestecktem Haar und Perlenkette tippte mich an: «Chapeau! Great reading!», lächelte sie breit mit ihren dunkelrot bemalten Lippen, und fragte mich, ob ich ihr Buch signieren könne. Dass mein Haar doppelt so lang war wie das der Autorin und sie mir auch sonst überhaupt nicht ähnlich sah, schien die Dame nicht zu bemerken. Stumm zeigte ich auf den Tisch ganz vorn, an dem Andrea Levy saß und freundlich lächelnd Buch um Buch signierte.

Auch ich reihte mich ein in die Schlange. Während des Wartens überkam mich auf einmal der dringende Wunsch, diese Schriftstellerin kennenzulernen, mich mit ihr zu unterhalten. So vieles hätte ich gerne von ihr gewusst. Ob sie sich vorstellen könnte, auf Jamaika zu leben? Ob sie auch so oft verwechselt wurde? Und ob sie eher London oder Jamaika als ihre Heimat betrachtete?

«Oh, hi! What's your name?», fragte mich die tiefe, warme Frauenstimme, als ich an der Reihe war. Andrea Levy lächelte mich an.

«Äh, Jutta», sagte ich. Wo kam nur der Kloß in meinem Hals plötzlich her?

«Let me guess, you're from the Caribbean, too?», fragte sie.

«Äh, no. Äh, yes», haspelte ich. Ihr breiter Mund lächelte mich aufmunternd an. Was sollte ich jetzt sagen? We might want to meet for a coffee?

«Thank you for the reading and goodbye», sagte ich stattdessen schnell. Schüchtern nahm ich das signierte Buch entgegen und arbeitete mich vor Richtung Ausgang. Auf dem Weg dorthin zwinkerte mir ein dunkelhäutiger junger Mann verschwörerisch zu, und ich war froh, Alexander zu entdecken, der in der Krimiecke auf mich wartete.

Im Regionalzug glitten wir, jeder seinen Gedanken nachhängend, durch das nächtliche Rheinland zurück nach Krefeld. Warum war ich nur so wortkarg gewesen, als ich der Autorin gegenübergestanden hatte, ärgerte ich mich jetzt. Und plötzlich spürte ich in mir eine diffuse Sehnsucht. Die Sehnsucht, andere schwarze Menschen kennenzulernen, mich mit ihnen zu unterhalten, ihnen nahe zu sein. Ich hatte nur weiße Freunde, einen rein weißen Familien- und Freundeskreis. Ich spürte, dass die Begegnung mit dieser Autorin mehr Spuren hinterlassen würde als die paar Weinflecke auf meiner Bluse.

Bis auf einen schlafenden alten Herrn war unser Zugabteil leer, und so begann ich, Alexander einige Passagen aus dem Buch vorzulesen.

«Mr Philip Roberts war ein fast so bedeutender Mann wie mein Vater, untersetzt, der Bauch kugelrund von Kochbananen ...»

«Andrea Levy ist eine beeindruckende Frau», sagte Alexander zwischendrin. «In ihrer Präsenz und ihrem starken Ausdruck erinnert sie mich ein bisschen an Isabella Rossellini.»

Zu Hause angekommen, las ich den Roman weiter, bis nachts um drei. Zwischendurch blätterte ich immer wieder nach vorn, auf die erste Seite. «For Jutta, with the best wishes, Andrea Levy» stand dort in tintenblauen, feingeschwungenen Buchstaben geschrieben.

Noch etwas anderes ging mir durch den Kopf, als ich seitenlang über die karibische Insel las, die vor bunten Geckos und süßen Mangos nur so zu wimmeln schien. Vielleicht sollten wir doch einmal dorthin reisen. Wie aufregend diese ferne Insel klang! Alexander hatte schon oft vorgeschlagen, nach Jamaika zu fliegen, doch ich war davor zurückgeschreckt. Zu teuer, zu gefährlich mit vier Kindern. Doch das waren nur Ausflüchte gewesen. Irgendetwas in mir sperrte sich dagegen.

Zum großen Bedauern meiner Töchter. «Carla fährt im Sommer mit ihrer Familie nach Jamaika. Schon zum zweiten Mal!», war Elena einmal aufgebracht nach der Schule nach Hause gekommen. «Sie prahlt damit, wie toll sie sich da auskennt. Sie mailt sogar mit einer Jamaikanerin. Was hat sie da zu suchen, Mama? *Wir* sollten dorthin fahren. Das ist *unsere* Insel!»

Jetzt, im dunklen Schlafzimmer, neben mir Alexanders leises, gemütliches, tiefenentspanntes Schnorcheln, sehnte auch ich mich danach, die Heimat meines Vaters zu besuchen.

Mein Vater ... wer war denn überhaupt dieser Mann? Und wer war ich? War ich wirklich eine halbe Jamaikanerin, nur weil mein Vater aller Wahrscheinlichkeit nach Jamaikaner war? Ein Vater, den ich nie gekannt, der mich nie gesehen hatte?

Selbst wenn ich hinflog: Ihn würde ich nie finden. Oin, Jamaika, Saxophon, das waren einfach zu wenige Informationen.

Tagelang versank ich ins Grübeln. Was wollte ich? Wer war ich eigentlich?

Nein, halt, stopp! Ich schüttelte mich innerlich und richtete mich auf. Für eine Identitätskrise diesen Ausmaßes fühlte ich mich entschieden zu alt. Ich war fast fünfzig! Meine Kinder waren in dem Alter, in dem sie sich fragten, wer sie eigentlich waren und wohin die Reise ging, besonders die beiden mittleren, Elena und Hannah. Aber doch nicht ich! Ich war längst über all das hinaus. Ich sollte meinen Kindern vielmehr eine Stütze sein, ein Fels in der Brandung, und nicht selber ins Wanken geraten.

OWEN

Ein paar Wochen später lag ich mit einer Erkältung im Bett und verschlang wieder einen Roman, diesmal «Owen Meany» von John Irving. Der Romanheld war ein kleinwüchsiger Junge mit hoher, comichafter Stimme, der von seinen Mitschülern ständig gehänselt wurde. Ein bedauernswerter Kerl, der sich gerade dabei abmühte, einen Basketball in den schwindelerregend hohen Korb zu werfen, als ich plötzlich innehielt. Owen ... war das nicht vielleicht der Name meines Vaters? Dieser Name, den ich gerade hundertfach gelesen hatte, konnte der Vorname meines Vaters sein. Owen! Nicht Oin. Warum war ich nicht viel eher darauf gekommen? Mein Vater heißt Owen! Owen ist ein bekannter englischer Name, und meine Mutter spricht kaum Englisch, für sie mag Owen wie Oin geklungen haben. So, wie sie früher beim Zuprosten statt «Cheers» immer «Tschüss» verstanden hatte.

Schon als Teenager, seit ich gut Englisch sprach, hatte ich irgendwie gespürt, dass Oin kein richtiger Name war. Auf Jamaika, das bis in die sechziger Jahre eine englische Kolonie gewesen war, sprachen alle Menschen Englisch, hatten vermutlich englische Namen. Zwar gab es dort die Kreolsprache Patois, wie ich von meiner jamaikabeseelten Tochter Hannah wusste, doch dass die Einwohner deshalb originelle Kreolnamen hatten, hatte ich noch nie gehört.

Owen, das war ein richtiger Vorname, kein putziger, märchenhafter Phantasiename. Oin war Fiktion, Owen Realität.

177

Ich legte das Buch zur Seite und schloss die Augen. Owen: ein schöner, vertrauter Name. Ein richtiger Vorname war bereits die Hälfte. Und der vollständige Name würde die Chancen darauf, meinen Vater tatsächlich eines Tages zu finden, weg von einer völligen Illusion in den Bereich des Möglichen heben.

Ich griff zum Telefon.

«Mama, er hieß Owen?!», krächzte ich erkältet in den Hörer.

«Wer? Was erzählst du da?», gähnte meine Mutter. Es war fast Mittag, doch sie schien ebenfalls noch im Bett zu liegen, was ihre verschlafen klingende Stimme verriet.

«Mein Vater. Er hieß nicht Oin. Den Namen gibt es gar nicht. Er hieß Owen. O-W-E-N!»

«Also, die haben ihn alle Oin genannt.»

«Aber könnte es nicht sein? Denk noch mal genau nach. Es wäre schon toll, wenn ich seinen richtigen Namen hätte.»

«Du weißt alles, was ich weiß, Juschi. Juschi? Du liebes bisschen, du bist ja völlig von der Rolle. Ich dachte, das Thema hätte sich inzwischen erledigt. Du klingst, als ob dein Leben davon abhinge.»

«Das tut es auch. Irgendwie.»

Meine Mutter schwieg. Dem Hintergrundgeräusch nach zu urteilen, kramte sie gerade nach ihren Zigaretten.

«Ich werde heute Abend noch mal über alles nachdenken», sagte sie dann. «Jetzt muss ich aber ein Nickerchen machen. Und dann habe ich die erste Kundin. Sie braucht ganz dringend meine Hilfe.»

Hilfe brauchte diese Kundin jedoch nicht beim Kauf eines modischen Hosenanzugs, sondern beim Blick in ihre Zukunft.

Abermals hatte es im Leben meiner Mutter eine überraschende Wendung gegeben. Mit Feuereifer hatte sie in ihrer Wohnung Klamotten verkauft, bis sie irgendwann eine noch größere Leidenschaft entdeckt hatte, ja, ihre endgültige Berufung, wie sie sagte: die Wahrsagerei. «Das liegt in unserer Familie», hatte sie mir erklärt, «schon meine Mutter hatte diese ganz besonderen Fähigkeiten. Und erst meine Großmutter.»

Ich kannte die Geschichte über meine Großmutter, die zu Mutters Lieblingsanekdoten gehörte. Als Kind hatte ich sie ebenso geliebt, wie ich mich vor ihr gegruselt hatte.

«Weißt du, als mein Großvater im Jahr 1941 im Krieg gefallen war, da wusste meine Mutter bereits, dass ihr Vater tot war, bevor das Telegramm mit der traurigen Nachricht bei ihr eintraf. Sie lag im Bett, da wurde das Zimmer plötzlich von einem Lichtstrahl erhellt. Taghell! Der große Eichenkleiderschrank an der Wand gegenüber des Bettes schob sich wie von Zauberhand zur Seite, und plötzlich schritt mein Großvater im langen weißen Gewand und mit einem Lächeln auf dem Gesicht dahinter hervor, geradewegs auf uns zu – und verschwand, wie er gekommen war. Als am nächsten Tag der Telegrammbote mit der traurigen Nachricht kam, da trug meine Mutter schon Schwarz. Ja, deine Großmutter war eine ganz besondere Frau. Sie hatte seherische Fähigkeiten. Genau wie ich!»

Als Kind hatte ich nachts nie Angst vor Einbrechern gehabt, sondern davor, dass die Geister irgendwelcher Ahnen bei uns vorbeischneiten.

Kurz gesagt: Meine Mutter hatte entdeckt, dass sie, wenn sie den Menschen ganz tief in die Augen sah und sich emotional auf sie einließ, Ereignisse aus deren Zukunft erspüren konnte. Die Wahrsagerei entsprach ihrer Meinung nach nicht nur voll und ganz ihren Talenten, sondern war auch eine hervorragende Geschäftsidee. Das Klamottenverkaufen war recht mühsam. Die Sachen mussten besorgt, geschleppt, drapiert und schließlich an die Frau gebracht werden. Meine Mutter, die einiges über Buddhismus gelesen hatte, war sehr dafür, «sich den Karren nicht zu vollzuladen», sprich: lieber weniger zu arbeiten, um Zeit zu haben, das Leben zu genießen. Mit Wahrsagen ließ sich in kurzer Zeit viel Geld verdienen. Zwecks Vertiefung ihrer Fachkenntnisse las sie sich rasch in die Themengebiete Handlesen und Kartenlegen ein und begann, Menschen die Zukunft vorherzusagen.

Die Kundschaft ließ nicht lange auf sich warten, denn ebenso wie modeverrückte Frauen gab es im Rheinland zahlreiche Menschen, die der Esoterik einiges abgewinnen konnten. Bald lief es mit der Wahrsagerei so gut, dass meine Mutter den Klamottenladen aufgab und sich ganz aufs Wahrsagen, Handlesen und Kartenlegen konzentrierte. Von nun an umrandete sie ihre Augen noch schwärzer mit Kajal. «Das unterstreicht meine übersinnliche Aura», sagte sie.

Doch nicht nur zukünftige Entwicklungen, auch Dinge aus der Vergangenheit meinte sie, mit ihren übersinnlichen Kräften erspüren zu können.

«Oma, wenn du das wirklich kannst, dann guck doch Mama mal ganz tief in die Augen, vielleicht siehst du darin den Namen ihres Vaters», schlug Hannah ihr einmal vor.

Auf Bitten ihrer Enkelkinder erprobte sie ihre Fähigkeiten tatsächlich einmal an mir. Ich selbst konnte der Wahrsagerei nicht viel abgewinnen und musste aufpassen, nicht zu grinsen, während mir Mutter tief in Augen sah mit ihrem bohrenden, beinahe reglosen Blick.

Doch vergebens: kein Name, kein Sternzeichen, keine Körpergröße, ja, nicht einmal ob mein Vater überhaupt noch lebte, konnte sie erspüren.

«Tut mir leid», seufzte meine Mutter erschöpft, ließ den Blick von mir fortgleiten und massierte ihre Gesichtsmuskulatur. «Meine seherische Gabe entfaltet sich anscheinend deutlich besser bei Fremden. Bei Familienangehörigen mischen wohl zu viele Emotionen mit. Die Kräfte zwischen dir und mir sind einfach zu groß.»

So lag meine Mutter, als wir das Telefongespräch beendeten, im Bett, ehe sie vermutlich eine ihrer buddhistischen Aufwärmübungen machte. Ich dachte, das Vater-Thema sei gleich wieder aus ihrem Kopf, von spirituellen Gedanken überlagert, aber da hatte ich mich geirrt.

LOB DER DEUTSCHEN BÜROKRATIE

Gleich am nächsten Tag klingelte das Telefon.

«Jetzt hör mal, Juschi», sagte meine Mutter. «Ich habe eine Idee, die dir vielleicht helfen könnte. Es scheint dir ja wirklich ernst zu sein mit dem Wunsch, deinen Vater kennenzulernen. Pass auf: Mir ist da etwas eingefallen. Als du klein warst, gab es doch das Gerichtsverfahren wegen dieses lästigen Vaterschaftsstreits. Mit dem Indonesier. Und in der Gerichtsakte steht vielleicht auch der Name deines Vaters. Er hatte damals ja die Vaterschaft anerkannt», sagte sie, so selbstverständlich, als berichtete sie von einem Kochrezept für einen neuen Hackbraten. Ich war sprachlos. Diese Informationen waren mir völlig neu.

«Mama, das ist eine hervorragende Idee», sagte ich, als ich meine Stimme wiedergefunden hatte, «aber gibt es einen Grund, warum du erst jetzt mit diesem Einfall um die Ecke kommst?»

«Ach Juschi, ich habe vorher einfach nicht daran gedacht. Ist mir grad erst wieder eingefallen. Aber eins lass dir gesagt sein: Ich weiß wirklich nicht, warum du jetzt noch einen neuen Vater willst. Väter sind überschätzt, weißt du. Wenn ich da an meinen eigenen Erzeuger denke, diesen cholerischen Irren ... auf den hätte ich liebend gern verzichtet. Aber was soll's. Jetzt lass uns das machen. Für dich. Für mich bestimmt nicht. Ich brauche diesen Mann nicht. Mir ist dieser Kerl komplett schnuppe.»

So ganz geheuer schien ihr ihre eigene Idee nicht zu sein, aber ich war wild entschlossen, den Plan in die Tat umzusetzen.

Zunächst galt es, die Genehmigung zur Akteneinsicht zu erhalten, und das war gar nicht so einfach. Im Meerbuscher Rathaus erkundigte sich meine Mutter, wie solch ein Gesuch vonstattengehen könnte. Die Beamten rieten ihr, einen Brief an das Amtsgericht zu formulieren. Und so begann ein reger, offizieller Briefwechsel, in dem zunächst meine Mutter ihre Beweggründe darlegen und das Gericht von unserer Berechtigung, Akteneinsicht in das Vaterschaftsverfahren zu nehmen, überzeugen musste.

Nachdem sie wochenlang keine Antwort erhalten hatte, kontaktierte sie die entsprechende Stelle telefonisch und erfuhr, dass es «personelle Engpässe» gäbe und daher momentan nur vorrangige Sachverhalte behandelt werden konnten. Ein Jahrzehnte zurückliegender Vaterschaftsprozess zählte nicht dazu. Nervös saß ich neben meiner Mutter, während diese die Stimme senkte, auf ihre schönste, bezauberndste Wahrsagerinnen-Stimmlage temperierte und ihrem Telefonpartner die Dringlichkeit ihrer Anfrage klarmachte, auf eine Art, wie nur sie es konnte, charmant und resolut zugleich. Sie habe ihrer Tochter ihr Wort gegeben, sich endlich um diese Angelegenheit zu kümmern, man sei spät dran und jetzt müsse es dringend vorangehen.

«Sie wollen wissen, wie alt meine Tochter ist? Neunundvierzig ... Und ja, es ist dringend ... und nein, wir können nicht noch ein paar Monate warten!»

Der männliche Sachbearbeiter erlag schließlich Mutters unerbittlichem Charme und nahm sich der Sache an. Zwei Wochen später erhielten wir die Nachricht, dass ich, da ich ja eindeutig volljährig war, noch einmal persönlich um Akteneinsicht bitten und meine Motivation darlegen müsste.

Stundenlang saß ich vor dem weißen Blatt. «Sehr geehrte Damen und Herren ...» Ja, was genau war eigentlich meine Motivation, meinen Vater zu finden? Verstand sich das denn nicht von selbst? War es nicht wie das Bedürfnis, die eigene Muttersprache zu erlernen oder sein Geburtsdatum zu wissen? Und dennoch rang ich nach passenden Worten. Nicht zu emotional, aber auch nicht zu förmlich ... Ich quälte mich eine gefühlte Ewigkeit.

«Ich freue mich auf positive Antwort», schloss ich schließlich meinen halbseitigen Brief und gab ihn in die Post.

Wiederum zwei Monate später erhielten wir Antwort. Ja, die Motivation sei nachvollziehbar. Wir dürften die betreffende Akte im Amtsgericht einsehen.

Es war ein sonniger Tag im Mai, als meine Mutter und ich zum Gericht fuhren, um in dieser Vater-Mutter-Kind-Angelegenheit – in der ich, das Kind, neunundvierzig Jahre alt war – möglicherweise einen Schritt weiterzukommen.

Auf dem Parkplatz stieg ich nervös aus dem Auto, aber noch viel nervöser schien meine Mutter. Zu ihrem langen schwarzen Kleid trug sie zwei verschieden lange Ohrringe, die sie immer trug, seit sie sich auf die Wahrsagerei verlegt hatte. Es war eine der seltenen Male, dass ich sie nicht in hohen Pumps, sondern in flachen Mokassins sah. «Damit sehe ich seriöser aus», versicherte sie mir, und dann schritten wir gemeinsam auf das Amtsgericht zu.

Meine sonst so energische, durchsetzungsstarke Mutter wirkte plötzlich ganz klein und zart. Sie, die sonst immer schnellen Schrittes einen halben Meter vor mir ging, schlich jetzt still und zögerlich hinter mir her. Vermutlich war es für sie nicht leicht, sich erneut mit dem für sie kompromittierenden Gerichtsprozess auseinanderzusetzen. Ich grübelte, was ihr durch den Kopf gehen mochte, ob sie in diesem Moment an den Indonesier dachte oder an den Richter, den sie mir als höchst unangenehm beschrieben hatte, aber ich wagte nicht, sie zu fragen.

«Himmel, ja, genau hier war es», nickte meine Mutter, als wir vor der gläsernen Eingangstür standen. Wir betraten das große klassizistische Gebäude mit den hohen Fenstern und den gigantischen Säulen vor dem Eingang. Genau hier war vor über vierzig Jahren der Vaterschaftsstreit ausgetragen worden.

Wir passierten den Sicherheitscheck, dann ging es durch lange, sterile Gänge, an deren Wänden kein einziges Bild hing und die mir in diesem Moment schier endlos erschienen.

In Raum 1.301 saß ein grauhaariger Mann mit Halbglatze, kariertem Hemd und Schlips und nickte uns so freundlich zu, als hätte er seit dreißig Jahren nur auf unsere Ankunft gewartet. Es war ein Bilderbuchbeamter, wie aus einem staubigen BRD-Film entsprungen.

Der Mann wollte die Akte meiner Mutter überreichen, aber sie zog ihre Hände schnell weg. «Nein, nein, das ist nicht für mich. Das ist für meine Tochter.» So ging der Pappordner an mich. Wir traten an das hölzerne Stehpult in der Ecke, an dem wir die Akte einsehen durften. Ich öffnete den Ordner. So vorsichtig, so behutsam, als handle es sich um ein dreitausend Jahre altes Pergament, blätterte ich durch die Seiten. Es war erstaunlich. Auch nach vierzig Jahren sah die Akte fast wie neu aus, das Papier war nur leicht vergilbt. Kein Knick, keine einzige Falte. Gelobt sei die deutsche Bürokratie, dachte ich, während ich mit zunehmendem Herzklopfen Seite um Seite umblätterte.

Auf Seite sechs fand ich eine Liste: die Namen der «Zeugen, die die Vaterschaft der unten genannten Person bestätigen».

Dann blätterte ich noch eine Seite weiter. Und da stand ein Name, schreibmaschinengrau und gut lesbar auf dem halb vergilbten Papier: Owen McFerlain. Der Name meines Vaters.

Ein paar Sekunden stand ich einfach nur da. Die Existenz dieses Namens haute mich völlig um. Ich las ihn wieder und wieder. Owen – ich hatte tatsächlich recht gehabt. Doch noch sensationeller war der Nachname. McFerlain. Wie ordentlich, wie beinahe vornehm das klang, nach schottischem Gentleman, so gar nicht nach jamaikanischem Rockstar.

Meine Mutter beugte sich über meine Schulter.

«Kannst du dich an den Namen erinnern?», flüsterte ich, denn das schien mir in diesen ehrwürdigen Amtsräumen angebracht.

«Nein, beim besten Willen nicht», flüsterte meine Mutter zurück. «Der Nachname sagt mir gar nichts. Na, jetzt wissen wir ihn ja. Schreib ihn dir auf, und dann lass uns wieder verschwinden. Ich bekomme hier irgendwie Beklemmungen. Dieser ganze deprimierende Amtsschimmel und die Erinnerungen an diesen unerfreulichen Prozess ... ich würde jetzt gern wieder gehen.»

Kopien anfertigen war nicht erlaubt, deshalb notierte ich mir rasch den Namen meines Vaters im Notizbuch. Darunter schrieb ich die Namen der «Zeugen». Vielleicht würde ich sie noch einmal gebrauchen können.

Zehn Minuten später verließen wir das Gerichtsgebäude, beide mit weichen Knien. In unserem VW-Bus fuhr ich meine Mutter nach Hause. Es war wirklich verblüffend: In diesem Amtsgericht, keine Viertelstunde von meinem Haus und der Wohnung meiner Kindheit entfernt, hatte all die Jahrzehnte die wesentlichste, die wichtigste Information über meinen Vater gelegen: sein Name.

Meine Mutter saß neben mir, blass und belastet, als fühlte

sie sich von den Geistern der Vergangenheit heimgesucht, als käme sie nicht so ganz zurecht mit jenen alten Seiten ihrer Biographie – die sie für mich jedoch sehr liebenswert machten. Sie war klasse damals, voller Power, irgendwie auf liebenswerte Art naiv und ungezähmt, 21-jährig und völlig unerfahren.

«Weißt du, Mama, ich finde, du warst cool», sagte ich, um sie aufzumuntern.

«Cool?», echote meine Mutter.

«Na, damals, als du so frei und unabhängig gelebt hast», präzisierte ich.

«Na, cool fand ich mich damals auch. Aber erklär das mal den Leuten vom Jugendamt, dem Gericht und den ganzen anderen Idioten», brummte meine Mutter.

«Sagen dir eigentlich die Namen der Zeugen etwas?», fragte ich, während ich das Auto vor Mutters Haustür parkte.

«Nicht die Bohne. Diese Pappkameraden hat der Indonesier doch einfach von irgendwoher angeschleppt.»

«Was aus dem Indonesier wohl geworden ist?», grübelte ich laut.

«Ist mir vollkommen schnuppe. Anwalt vermutlich! Und jetzt möchte ich diese ganze elende Gerichtsgeschichte so schnell wie möglich wieder vergessen», sagte sie.

Eine Weile saßen wir schweigend im geparkten Auto, sahen auf die Straße. Die Straße, in der ich aufgewachsen war.

Plötzlich sagte meine Mutter: «Ich hatte ihm eigentlich versprochen, es euch niemals zu erzählen, aber es scheint mir gerade ganz gut zu passen: Auch Hans hat noch ein Kind, zu dem er keinen Kontakt hat.»

Ungläubig starrte ich sie an – heilfroh, bereits geparkt zu haben und gerade nicht durch die Straßen zu kurven. Vermutlich hätte ich sofort einen Unfall gebaut.

Und dann erzählte meine Mutter drauflos.

Kurz bevor Hans und sie ein Paar wurden, hatte er eine Liaison mit einer schwedischen Stewardess gehabt, die in Meerbusch bei einem Flugstopp ihren Onkel besuchte. Viele Jahre später, Mats war bereits geboren, habe diese Stewardess Hans einen Brief geschickt mit dem Foto eines kleinen Mädchens und ihm mitgeteilt, dass er der Vater des Kindes sei.

Mir stockte der Atem. Nach der großen Neuigkeit im Gericht war das die zweite Sensation des Tages.

«Und wie hat Hans reagiert?», fragte ich.

«Wie mein Exmann reagiert hat?» Meine Mutter lachte auf. «Na, das kannst du dir wohl denken. Ignoriert hat er die ganze Geschichte! So ein Quatsch, hat er gebrüllt, das solle ihm, Hans Lüdemann, diese schlampige Flugzeugkellnerin erst einmal beweisen, und sie wolle doch eh nur Geld für das Balg. Alles abgestritten hat Hans, aber das Foto hat nun mal Bände gesprochen: Das Mädchen hatte Hans' stechend blaue Augen und exakt denselben Mund. Trotzdem hat er sich nie davon abbringen lassen, dass ihn die ganze Sache nicht das Geringste anginge.»

Mutters Sätze schwirrten in meinem Kopf hin und her. Die Jahrzehnte zurückliegende Geschichte warf ein ganz neues Licht auf meinen Stiefvater – und gleichzeitig passte seine Reaktion zu ihm wie die Faust aufs Auge.

«Und du?», fragte ich zögerlich.

«Was, ich?», gab meine Mutter zurück.

«Na, wie hast du reagiert? Du hättest ihm doch gut zureden können, sich bei dem Mädchen zu melden.»

«Was hatte ich damit zu tun?», erwiderte meine Mutter schroff. «Das war Hans' Angelegenheit, und damit basta. Und Geld war bei uns sowieso knapp, als der Laden damals den Bach herunterging. Klar, für sein Kind war es natürlich schade, aber da war mir unsere Familie schon wichtiger, da ist einem das Hemd näher als die Hose.»

«Und das war's? Danach habt ihr nie wieder etwas von dem Mädchen gehört?», fragte ich.

«Nie wieder», antwortete meine Mutter. «Die Kleine müsste vier Jahre jünger sein als du – also jetzt Mitte vierzig.»

Abrupt öffnete meine Mutter die Autotür. Sie erklärte, jetzt bräuchte sie erstens dringend einen Schnaps und zweitens ihren Musa, gab mir einen Kuss auf die Wange und verschwand ins Haus.

Minutenlang saß ich allein im Auto und starrte die leere Straße hinab, die mir so vertraut war.

Es gab eine Halbschwester, ging es mir durch den Kopf. Zwar war sie genau genommen nicht meine, da Hans nicht mein leiblicher Vater war, aber mein Bruder hatte irgendwo da draußen, hoch im Norden, plötzlich eine Halbschwester, die ihm vielleicht sogar ähnlich sah. Ich musste dringend mit Mats sprechen und ihm von dieser Neuigkeit erzählen. Ich würde ihn anrufen. Gleich morgen.

Doch heute gab es für mich etwas Wichtigeres. Heute hatte ich den Namen meines Vaters herausgefunden, und meine Stimmung hellte sich bei diesem Gedanken wieder merklich auf.

Auf der Fahrt nach Hause pfiff ich das Saxophonsolo aus einem Song von Billy Joel, das mein Sohn gerade spielte. Jan studierte Medizin, doch seine eigentliche Leidenschaft war das Saxophon. Als er das goldglänzende Blasinstrument mit zehn Jahren zum ersten Mal mit seinen kleinen Fingern umfasste, wollte er es nicht mehr aus der Hand geben.

Ich fuhr nach Hause und pfiff vor mich hin, denn ich war plötzlich sehr zufrieden. Es war das Gefühl einer tiefen Entspanntheit. Ich fühlte mich vollständiger, stärker als zuvor, bereichert durch mein neues Wissen.

Doch die Freude über den Erfolg hielt nicht lange an. Auch

wenn es wohltuend war, aus sicherer Quelle eine wichtige Information erhalten zu haben, beunruhigte mich gleichzeitig, dass sich ein wesentlicher Teil meines Wissens über meinen Vater, sein Vorname, tatsächlich als falsch erwiesen hatte. Vielleicht hatten sich noch mehr Fehler in die Erinnerungen meiner Mutter eingeschlichen? Vielleicht kam Owen, von dem ich über vierzig Jahre lang gedacht hatte, er hieße Oin, gar nicht aus «Tschömeika», sondern aus «Ömeica» und wäre damit Amerikaner. Und vielleicht spielte er gar nicht Saxophon, sondern Tuba, oder war gar nicht Musiker, sondern nur der Kabelträger gewesen? Bei all der Flüchtigkeit der Liaison und den Verständigungsschwierigkeiten zwischen den beiden schien dies durchaus möglich.

Damit hätte ich dann ja all die indiskreten Menschen angelogen, die sich im Laufe meines Lebens bei mir erkundigt hatten, wo ich denn «eigentlich» herkäme. Mit der Antwort, ich sei in Meerbusch geboren und dort aufgewachsen, gaben sie sich nicht zufrieden und fragten stets genauer nach: «Nein, wo kommen Sie wirklich her?» Danach sagte ich immer brav mein Sprüchlein auf: «Meine Mutter ist Deutsche, mein Vater Jamaikaner.» Hundertfach gesagt, hundertfach falsch gesagt? Grübelnd parkte ich das Auto vor unserem Haus.

GLÜHENDE OHREN

Alexander und unsere Töchter – Jan lebte bereits in einer WG in der Krefelder Innenstadt – waren noch nicht zu Hause. Ein Glück, denn so konnte ich mich ungestört an den Schreibtisch setzen und die Lage überdenken.

Ich hatte jetzt seinen vollständigen Namen: der Grundstein einer Identifikation. Es wäre doch gelacht, wenn ich meinen Vater damit nicht finden sollte. Ich fuhr meinen Laptop hoch. Aufgeregt tippte ich «Owen Mc Ferlain» in die Suchmaschine ein.

Das Ergebnis: Null Treffer.

Der Nachname Mc Ferlain war weitaus seltener, als ich gedacht hatte. Ich entdeckte einen William Mc Ferlain aus Louisiana, der jedoch über hundert Jahre alt war, sowie seinen Bruder, Wilbur Mc Ferlain.

Ich fand einen Bob Mc Ferlain, Chefinspektor der schottischen Polizei, jedoch mit schneeweißer Haut. Einen Morgan Mc Ferlain aus Argentinien sah ich mir in einem sozialen Netzwerk an, der sich auf dem Foto im hautengen Tanga präsentierte und höchstens vierzig war.

Der einzige Musiker, den ich überhaupt fand, nannte sich «Owen Mac» und war ein nordirischer, 12-jähriger Kinderstar mit dunkelblondem Haar. Einen saxophonspielenden Jamaikaner fand ich nicht, ja, nicht einmal eine einzige Person, die diesen Namen trug.

Ich dachte nach. Vielleicht lebte Owen Mc Ferlain, streng

von der Außenwelt und den Fängen des Internets abgeschieden, in einem weltentrückten Rastafari-Stamm eines abgeschiedenen Hüttendorfes am Meer?

Oder was wahrscheinlicher war: Er war längst tot.

Ich klickte mich durch das Internet, bis meine Augen flimmerten. Ich durchsuchte das deutsche Telefonbuch nach Owen Mc Ferlain, da es nicht auszuschließen war, dass er noch immer hier lebte.

Nach zwei Stunden legte ich mich erschöpft aufs Sofa und tröstete mich mit meinem Lieblingspudding, Schoko mit Sahne. Dann fiel mir etwas ein. Ich hatte mir ja auch die Namen der Zeugen notiert, die die Vaterschaft bestätigt hatten. Drei Namen hatten dort gestanden. Was für ein seltsames Prozedere eigentlich, ging mir jetzt durch den Kopf. Wie war das abgelaufen? Waren diese Leute am fraglichen Abend irgendwie in der Nähe gewesen? Doch wie bizarr auch immer es klang, vielleicht ließ sich einer von ihnen ausfindig machen. Aber nicht mehr heute. Jetzt brauchte ich erst mal eine Pause. Das Ganze wühlte mich sehr auf, der Adrenalinspiegel musste erst einmal wieder abflauen.

In den folgenden Tagen las ich wieder und wieder die Namen der Zeugen, bis ich sie auswendig konnte. Ein Name stach dabei besonders heraus: Gerda Deutz van Assendelft. Im Internet recherchierte ich, dass Deutz van Assendelft der Name eines fast ausgestorbenen holländischen Adelsgeschlechts war. Über die Auskunft bekam ich die Telefonnummer der Dame heraus, sie lebte offenbar in Berlin. Tagelang streifte ich ums Telefon. Sollte ich dort wirklich anrufen? Und was sollte ich bloß sagen? Vielleicht lebte die Dame gar nicht mehr, und der Eintrag im Telefonbuch war schlicht noch nicht gelöscht. Oder sie war komplett dement. Oder ... Na gut, ich würde dort anrufen, gleich morgen.

Am nächsten Tag wählte ich die Telefonnummer, hörte das langgezogene, immer wiederkehrende Tuten des Freizeichens.

«Deutz van Assendelft, ja, bitte?», meldete sich plötzlich die Stimme einer offenbar sehr alten Frau.

Ich stellte mich höflich vor und erklärte zögerlich, dass ich auf der Suche nach meinem Vater sei, dass ich dabei ihren Namen in einer Liste von Zeugen eines Vaterschaftsverfahrens in den sechziger Jahren gefunden hätte und mich erkundigen wollte, ob sie irgendetwas mit dem Namen meines Vaters, Owen Mc Ferlain, verbinde.

Ich sprach immer schneller, verhaspelte mich mehrere Male und war froh, als ich meine umständliche Erklärung endlich abgegeben hatte. Noch froher war ich, dass mich die gute Frau nicht sehen konnte, denn meine Ohren glühten und sahen vermutlich aus wie überreife Tomaten.

Die adlige Dame rief etwas, wobei sie, wie der gedämpfte Klang ihrer Stimme verriet, die Hand vor die Sprechmuschel hielt: «Hermann! Hier ist eine Frau, die sucht ihren Vater. Einen Owen Mc Ferlain! Sagt dir das was?»

Aus dem Hintergrund hörte ich ganz leise eine tiefe Stimme: «Nee, sagt mir nix. Leg mal auf, das ist doch Quatsch!»

«Nein, das sagt uns nichts», sagte die Dame. Ich wagte eine zweite Frage: «Und Radja Fatmawati? Der Name stand auch dabei.»

«Radja? Oh ja, den Radja kennen wir. Der lebt in Spanien.»

Ach du meine Güte! Das waren tatsächlich die richtigen Leute, die sich aber überhaupt nicht an die ganze Geschichte zu erinnern schienen. Wie spannend und zugleich unendlich peinlich das Ganze! Dennoch nahm ich all meinen Mut zusammen und hakte nach: «Können Sie sich nicht an das Gerichtsverfahren erinnern?»

Da meldete sich die Stimme des Mannes in der Telefonleitung, so abrupt, als habe er seiner Frau den Hörer aus der Hand gerissen: «Was, sagen Sie, sollen wir gemacht haben? Eine Vaterschaft bezeugt? Waren wir bei der Zeugung dabei, oder was?», polterte der alte Herr ins Telefon. «Der Name sagt uns gar nichts. So ein Quatsch!»

Grußlos legte er auf.

Nach dem Telefonat rauschte das Blut in meinen Ohren. Wie unangenehm! Ich hatte mir völlig unbekannte Leute mit dem Intimsten, was ich hatte – meiner Zeugungsgeschichte –, ungefragt belästigt. Ich kam mir vor wie ein Eindringling in die Privatsphäre wildfremder Leute.

Letztlich war es ja immer so gewesen, dass die Umstände meiner Entstehung durch meine dunklere Hautfarbe für alle offensichtlich waren. Nichts daran war geheim und konnte unter Verschluss gehalten werden, weil ein dunkelhäutiges Kind in einer rein weißen Familie offensichtlich eine spezielle Geschichte hat. Ich war es gewohnt, auf indiskrete Nachfragen fremder Menschen ehrlich zu antworten. Aber ich war es überhaupt nicht gewohnt, fremde Menschen um Hilfe bei der tiefergehenden Beleuchtung dieses Themas zu bitten. Das empfand ich als bodenlos peinlich.

Aber noch gab ich nicht auf. Da war ja noch dieser Radja Fatmawati, der offenbar in Spanien lebte und den die holländischen Adligen sogar kannten. Das konnte eine Möglichkeit sein. Der Name war in Europa vermutlich sehr selten, vielleicht hatte ich eine Chance, seine Adresse herauszufinden. Tatsächlich entdeckte ich im Internet ein indonesisches Restaurant in Sevilla, welches einem Mann mit genau diesem Namen gehörte. Erneut anzurufen, traute ich mich nicht, deshalb schrieb ich eine E-Mail, in der ich mein Anliegen erklärte. Eine Antwort bekam ich jedoch nicht.

Dann eben nicht, dachte ich, nachdem einige Zeit verstrichen war. Dann würde ich eben weiterhin ohne meinen Vater leben. Das hatte ich während der letzten neunundvierzig Jahre schließlich auch geschafft. Keinesfalls wollte ich mich jemals wieder solcher Peinlichkeit aussetzen und fremde Menschen in diese Familienangelegenheit hineinziehen.

Ratlos saß ich da und wusste nicht, welche Hebel ich dann überhaupt noch in Bewegung setzen konnte, um meinen Vater zu finden. Und ich wusste nicht mal, ob ich ihn überhaupt finden wollte, so viele Sorgen und Ängste gingen mir durch den Kopf. All die Ängste waren im Laufe der Jahre nicht weniger geworden, sie schienen mit dem Alter eher noch zuzunehmen.

Wer weiß, wie er überhaupt lebte. Vielleicht hauste er völlig verarmt in einem jamaikanischen Slum, so wie die Menschen in «Journey to Jah», einem Dokumentarfilm über europäische Reggae-Musiker, die nach Jamaika reisten. Meine Kinder waren begeistert gewesen, aber mich hatte die kaputte Atmosphäre in den Slums deprimiert. Lebte mein Vater vielleicht auch so? War er völlig heruntergekommen, ein dauerkiffender Rastafari, dessen musikalische Karriere ein jähes Ende genommen hatte? Der resigniert in einer Holzhütte auf Jamaika hockte und sein Saxophon längst für Hasch-Nachschub verkauft hatte?

Eventuell würde er sich, falls ich ihn jemals fände, gar nicht mehr an diese flüchtige Liaison erinnern. Wenn selbst meine Mutter nur noch spärliche Einzelheiten wusste, wie viel weniger war dann wohl bei ihm hängengeblieben? Und weniger war in diesem Fall: nichts.

Oder er erinnerte sich, wollte aber keinerlei Kontakt, weil er sein Leben ungestört weiterführen wollte. Immer wieder dachte ich an die Sache, die mir meine Mutter neulich nach dem Gerichtsbesuch erzählt hatte. Dass Hans noch eine Tochter hatte und wie abweisend er damals reagiert hatte. Was, wenn mein Vater eine ähnliche Sicht auf seine Vaterschaft hätte? Dass er, wenn ich ihn eines Tages fände, nur entgegnen würde, seine Vaterschaft solle ich ihm erst einmal beweisen? Diese Enttäuschung wollte ich mir unbedingt ersparen.

Vielleicht war er schon längst tot. Zu traurig wäre das, aber durchaus gut möglich, musste er doch inzwischen mindestens siebzig sein. Und selbst wenn er noch lebte und sich sogar freuen würde, von mir zu hören: Wollte ich jetzt noch einen Vater? Wo wäre sein Platz in meinem Leben? Wie sollte ich mit einem Menschen umgehen, den ich überhaupt nicht kannte? Und wie lernt man in seinem und meinem Alter, Vater und Tochter zu sein?

Ein großer Hemmschuh war außerdem weiterhin Hans. Nie würde ich es übers Herz bringen können, ihn mit meinem leiblichen Vater zu konfrontieren. Auch wenn wir kaum noch Kontakt hatten, ich ihn seit Jahren nicht mehr gesehen hatte. Dennoch: Hans war da, er lebte keine zehn Kilometer von mir entfernt. Und noch immer, noch viele Jahre nach unserem letzten Gespräch, war ich viel mehr damit beschäftigt, zu ihm emotionale Distanz zu bekommen, als nach meinem leiblichen Vater zu suchen.

HANS

Und dann passierte etwas, das die Karten noch einmal neu mischte.

«Hallo, Jutta! Hier ist der Jürgen Posch, wenn du dich erinnerst. Oder muss ich dich jetzt siezen?»

Es war einer von Hans' ehemaligen Frühschoppen-Kumpels, den wir früher jeden Sonntag in «Erna's Eck» getroffen hatten.

«Jutta, ich sach mal, ich red nicht so gern rum um den heißen Brei», fuhr er fort. «Der Hans ist tot.»

Hans war tot. Im Alter von siebzig Jahren war er an Lungenkrebs verstorben. Er habe sich sämtlichen Therapien unterzogen, sagte Jürgen, aber der Krebs sei stärker gewesen.

Seit über acht Jahren hatte ich meinen Stiefvater nicht mehr gesehen. Wie oft hatte ich ihn in den vergangenen Jahrzehnten verwünscht. Und doch, an diesem Tag übermannte mich eine unerwartete Traurigkeit. In meine Gedanken schlichen sich die schönen Dinge ein, die ich mit Hans erlebt hatte.

Ich erinnerte mich an das gemeinsame Frühschoppen am Sonntagmorgen mit Malzbier und Flipperautomaten. An die ausgedehnten Kirmesbesuche, verlässlich zweimal im Jahr, an Schwimmen und Eis am Sonntagmorgen und an mein Glücksgefühl, wenn sich seine muskulöse Hand tief in die Kiste mit dicken roten Kirschen wühlte, um sie mir danach in meine beiden zusammengehaltenen kleinen Hände zu legen.

Plastisch sah ich den Barbie-Mann Ken vor mir, den er mir zu meinem zehnten Geburtstag geschenkt hatte, und die Hun-

197

derte Partien «Mensch ärgere dich nicht» am Marmortisch im Wohnzimmer. Wie hartnäckig hatte er dabei immer versucht, uns alle zu besiegen, und dabei viel gelacht.

Ich dachte an Drachen steigen lassen im Herbst, an endlos lange Spaziergänge mit der Familie. Ich sah Hans in seinem geliebten Laden vor mir, hinter der Theke von «Lebensmittel Lüdemann», wie er dort mit einladendem Lächeln stand, so zufrieden wie danach nie mehr. Ich sah ihn am Kopf des Esstischs, wie er genüsslich den Bratenduft schnupperte; Hans vor dem Fernseher in seinem dunkelblauen Trainingsanzug; im Lieferwagen mit den Feinstrumpfhosen; in seinem Sonntagsanzug an Weihnachten. Ich dachte auch an die «weisen Ratschläge», die er mir damals, als ich ein Teenager war, mit auf den Weg gegeben hatte, und dass er nie einen Unterschied zwischen Mats und mir gemacht hatte, auch wenn ich nicht seine leibliche Tochter war.

Auch meine Mutter war betroffen, als ich ihr die Nachricht am Telefon überbrachte.

«Ja, er konnte ein Mistkerl sein, ein Choleriker, wie er im Buche stand, aber er hatte auch seine guten Seiten. An Lungenkrebs erstickt man elendig. Das hab ich ihm nicht gewünscht», gab sie still zurück.

Für ein paar Tage schienen sich die Schatten, die über Hans' und meiner Beziehung lagen, verzogen zu haben, um den hellen Momenten Raum zu geben. Natürlich fragte ich mich auch, ob ich mich richtig verhalten hatte, ob ich ein klärendes Gespräch hätte suchen sollen.

Mit den Wochen wurde mir aber bewusst, dass solch ein Gespräch nahezu unmöglich gewesen war. Zu unterschiedlich waren unsere Standpunkte gewesen, zu tief und umfassend seine Kränkung. Ich war ihm nicht böse, trug ihm nichts nach, aber wir hatten uns zum Schluss eindeutig nicht gutgetan.

Hans' Tod war traurig, aber ich merkte auch, dass ich jetzt unbeschwerter an meinen leiblichen Vater denken konnte. Auf einmal gab es niemanden mehr, den ich als Kind «Papa» genannt hatte, niemanden, der sonst die Vaterschaft für sich beanspruchte. Vielleicht war es an der Zeit, entschlossenere Schritte zu unternehmen, um endlich meinen biologischen Vater zu finden.

EIN FALL FÜR DEN PRIVATDETEKTIV

Einige Jahre zuvor hatte ich mir meinen großen Traum erfüllt: eine eigene Kinderarztpraxis in Krefeld. Vier Behandlungsräume im Erdgeschoss einer frischrenovierten Villa, ein Warteraum mit Büchern, Holzeisenbahn und Maltisch, mit Kinderpflastern und Trostgeschenken, und an allen Wänden selbstgemalte Bilder von den kleinen Patienten in bunten Rahmen.

Die Praxis lag nur wenige Gehminuten von unserem Haus entfernt. Auf dem Weg dorthin traf ich manchmal Helen, eine lebhafte Familienanwältin, deren Tochter in dieselbe Klasse wie Lotta ging.

«Und, bist du schon weitergekommen?», fragte sie, als wir uns an der Ampel über den Weg liefen.

«Mit der Frage, ob Lotta Cello oder Klavier spielen soll?», fragte ich.

«Mit der Vatersuche, meine ich», raunte sie.

Ich erzählte ihr, dass ich mittlerweile den vollständigen Namen meines Vaters kannte.

«Das ist ja phantastisch!», rief sie aus. «Dann ist es gar kein Problem, ihn zu finden. Ich bringe dir morgen die Karte einer ausgezeichneten Privatdetektei mit. Die regeln das. Wäre das nicht klasse?»

Am nächsten Tag steckte Helen mir eine Visitenkarte zu. *Privatdetektei Schubert – fachzertifiziert, diskret und seriös* stand in hübschen, filigranen Buchstaben darauf. Zu Hause ließ ich die goldumrandete Karte in der Küchenkommode verschwinden. Privatdetektiv, das klang nach eifersüchtiger Ehefrau und Wühlen in intimen Details. Damit wollte ich nichts zu tun haben.

Doch nachdem ich eine Weile um die Schublade herumgeschlichen war, zog ich die Karte wieder heraus. Und ehe ich groß darüber nachdenken konnte, rief ich an. Am anderen Ende meldete sich eine freundliche Frauenstimme.

«Guten Tag, hier Weber. Könnte ich bitte einen Termin bekommen?», hörte ich mich sagen. Ohne nach dem Grund meines Anrufes zu fragen, was zu «diskret» auch nicht wirklich gepasst hätte, nannte sie mir ein Datum und eine Uhrzeit.

Nach dem Gespräch hielt ich den Hörer noch eine Weile in der Hand. Hatte ich wirklich dort angerufen? Nun ja, warum eigentlich nicht. Ich konnte doch einfach hingehen, ganz unverbindlich. Schließlich gab es nicht allzu viele Möglichkeiten, in der Vatersuche weiterzukommen. Vielleicht war es eine Chance.

Wenig später kam Lotta in mein Arbeitszimmer gestürzt: «Es läuft gerade, es läuft gerade! Bitte, Mama, komm und sieh dir das an!»

Im Wohnzimmer lagen meine drei Töchter auf dem Sofa und verschlangen «Nur die Liebe zählt». In der Reality-Show ging es darum, verschwundene Familienangehörige aufzuspüren. Ich setzte mich zwischen meine Töchter und sah, wie eine kräftige, stark tätowierte Frau unter Tränen die traurige Geschichte ihrer Schwangerschaft erzählte. Gedrängt durch ihre Eltern, habe sie ihren Sohn zur Adoption freigegeben, doch ihn all die Jahre schrecklich vermisst. Sie habe versucht, ihren Schmerz durch immer mehr Tätowierungen zu verarbeiten. Nun sei aber nur noch ihre Gesichtspartie frei und da sei ihr neuer Mann auf die Idee gekommen …

«Also nee», sagte ich, «das ist doch gestellt. Das ist kompletter Blödsinn.»

«Mensch, Mama, warum musst du alles so skeptisch hinterfragen? Warte ab. Das Ende wird klasse!»

Nach drei Werbepausen war es so weit: Der verlorene Sohn betrat die Bühne. Ein Zwanzigjähriger in dunkelblauem Anzug mit akkurat gescheiteltem Haar. Zögerlich schritt er auf seine von Weinkrämpfen geschüttelte Mutter zu und stammelte etwas hölzern: «Mutter – endlich!»

Meine Töchter hatten sich an mich gekuschelt. Ich schaute sie verstohlen an und traute meinen Augen nicht: Elena rannen die Tränen aus den Augen, und Lottas Unterlippe zitterte bereits bedrohlich: «Wie schön …», stammelte sie.

Auch Hannah schluchzte einmal kurz auf, aber dann legte sie mir eine Hand auf die Schulter: «Mama, du musst dich da unbedingt melden. Das sind totale Profis. Die finden deinen Vater. Und dann können wir alle umsonst für ein Wochenende nach Mallorca. Das bezahlt der Sender!»

Ich versuchte, mir das vorzustellen. Die laufende Kamera begleitet mich durch den Flughafen von Düsseldorf, bis zur Ankunftshalle. Plötzlich kommt Owen McFerlain aus dem Gate, im Gepäck seinen Saxophonkoffer. Ein gealteter Rastafari mit hüftlangen Dreadlocks und schwarz-grün-gelber Mütze schlurft geradewegs auf mich zu und sagt: «Hey, Jutta! How ya doin?»

Ich stünde da, in meinem blütenweißen Arztkittel, den mir die Filmleute für diese Szene aufgeschwatzt hatten, damit der Kontrast zwischen uns richtig gut rüberkommt, und vergrabe mein tränenüberströmtes Gesicht in seinen ergrauten Dreadlocks … nein, so sollte es nicht enden.

Eine Woche später machte ich mich mit einem flauen Gefühl im Magen auf zur Privatdetektei Schubert. Sie befand sich in einer tipptopp renovierten Jugendstilvilla am Rande der Innenstadt, jedoch nicht Richtung Straße, sondern dem Hinterhof zugewandt, wie es sich für eine Privatdetektei vermutlich gehört.

Ich klingelte. Der Türöffner summte. Die nette Sekretärin führte mich in das Büro des Chefs. Ich staunte. Der Privatdetektiv sah so gar nicht aus wie Sherlock Holmes, eher wie mein alter Physiklehrer: ein kleiner, schmächtiger Mann in grobkariertem Hemd. Hinter einer dicken Hornbrille zwinkerten heftig winzig kleine Äuglein. Das dichte braune Haar stand borstig in alle Richtungen. Seine behaarte, leicht schwitzige Hand legte sich zur Begrüßung in meine: «Einen wunderschönen guten Tag! Na, wo drückt der Schuh?»

Himmel, was mache ich hier?, schoss es mir durch den Kopf. Warum war ich nicht zu Hause geblieben? Dieses leicht verschrobene Kerlchen sollte meinen Vater aufstöbern? Ich stellte mir vor, wie dieser kleine, freundlich zwinkernde Mann irgendwo auf der Welt auf leisen Sohlen hinter Owen Mc Ferlain herschlich. Wie er an Holzhütten klopfte und Leute aushorchte, Fingerabdrücke sicherte, sich durch sämtliche Gemüsemärkte fragte und mich am Ende wieder in sein Büro zitierte.

«Ja, Frau Weber, ich habe Ihren Vater gefunden. Es ist so ...» Er würde sich die verschwitzte Stirn trocken tupfen. «Er lebt in einer Hütte am Strand. Und noch eine weitere freudige Nachricht. Sie haben Geschwister. Dreizehn! Und vier Stiefmütter. Das kostet dann natürlich extra.»

«Also?», hakte der Detektiv freundlich zwinkernd nach und riss mich aus meinen Gedanken.

Sollte ich wirklich das Intimste, was ich hatte, in diese fremden, schweißnassen Hände geben? Da konnte ich mich

203

ja gleich bei «Nur die Liebe zählt» anmelden. Das wäre immerhin billiger.

«Doch nicht», stammelte ich. Es sei alles nur ein Missverständnis und ich suche im Grunde niemanden, also nicht jetzt, und gleich ginge mein Bus ...

Ehe der verdutzt schauende, jetzt noch viel häufiger zwinkernde Detektiv etwas antworten konnte, machte ich auf dem Absatz kehrt und eilte aus dem Büro. Auf der Straße zerriss ich die Visitenkarte in viele kleine Stücke, warf sie in einen Papiercontainer und sah zu, wie die Fetzen in dem dunklen Metallschlund auf Nimmerwiedersehen verschwanden.

«Mama, es läuft wieder! Guckst du noch mal mit?», rief Elena, als ich heimkam. Aus dem Fernseher im Wohnzimmer gellten Schluchzer und Freudenschreie: «Ich habe dich immer geliebt, auch wenn es für dich nach Hass aussah!», versicherte eine tränenerstickte Stimme.

«Nein danke», rief ich zurück und entschied mich, lieber den Müll nach draußen zu bringen.

«Mama, wie schreibt man eigentlich noch mal den Nachnamen deines Vaters?», erkundigte sich Hannah, als ich an der Wohnzimmertür vorbeiging. Ich buchstabierte ihr den Namen, bläute ihr jedoch ein, ihn niemals an Sat.1 zu schicken.

«Und, wie war es bei dem Detektiv?», fragte mich meine Freundin Helen ein paar Tage später.

Als ich ihr von meinem geplatzten Besuch erzählte, war sie ein wenig enttäuscht, sagte aber, wenn der rechte Zeitpunkt wäre, würde ich mich schon aufmachen. Sie hätte noch eine Visitenkarte einer anderen Privatdetektivin, ich könne jederzeit auf sie zurückkommen.

Das tat ich nicht. Aber aufzugeben kam auch nicht in Frage. Ich würde meinen Vater alleine finden. Ich selbst oder niemand.

ASYMMETRISCHE NASOLABIALFALTEN

Und dann wurde ich fünfzig. Wie das klang! Nach Stützstrümpfen, nach dritter Lebensphase und Schlager-Nächten vor dem Fernseher – sprich, nach einem Alter, das es gebührend zu begießen galt. In einer gemieteten Scheune im Umland von Krefeld feierten wir ein großes, buntes Fest. Alle Menschen, die mir wichtig waren, waren eingeladen: mein Bruder mit Familie, meine Mutter mit Musa, viele Nachbarn, Arbeitskollegen und Freunde, darunter auch meine alte Schulfreundin Maria, die genau wie ich Medizin studiert hatte und Patentante aller meiner Kinder geworden war.

Auch viele Freunde meiner Kinder kamen und mein alter Freund David mit seiner soundsovielten Partnerin. Der Höhepunkt fand um Mitternacht statt, als das «Horst Hansen Trio», die Jazzband meines Sohnes, ein fulminantes Gastspiel gab.

«Bravo, ganz der jamaikanische Großvater!», schoss es aus meiner Mutter hervor, als Jan ein Solo spielte.

Drei Tage später, das Konfetti war inzwischen verflogen und alle Geschenke ausgepackt, kam ich am Nachmittag aus meiner Praxis nach Hause. Hannah saß am Küchentisch. Mit bedeutungsvoller Miene lächelte sie mich an. Ihre Hände ruhten über Kreuz auf einem Blatt Papier. Vergangene Woche hatte sie ihre letzte Abiturprüfung hinter sich gebracht, und ich dachte, sie wolle einfach ein paar Tage herumhängen und nichts tun, aber da hatte ich mich gründlich geirrt.

«Ich habe eine Überraschung», sagte sie feierlich. Sie schob

205

das Blatt Papier über den Küchentisch. Ein Dutzend kleinformatige Porträtfotos waren darauf zu sehen, sie aber tippte zielstrebig auf eines davon.

«Mama, jetzt halt dich an der Tischplatte fest: Das hier ist dein Vater!»

Ich sah zu Hannah, sah das Glühen in ihren Augen. Ich betrachtete das Bild. Es war ein sehr kleines schwarzweißes, unscharfes, stark verzogenes Porträtfoto. Ein dunkelhäutiger älterer Mann war darauf zu sehen, er schaute ernst in die Kamera und hatte nur wenige Haare. Nach Rockstar sah dieser Mann nicht gerade aus. Irgendeine Ähnlichkeit zwischen ihm und mir entdeckte ich nicht. Irgendwelche Emotionen regten sich auch nicht in mir.

Auf meinem Geburtstagsfest, sagte Hannah und rutschte aufgeregt auf ihrem Stuhl hin und her, habe sie die ganze Zeit das Gefühl gehabt, dass jemand fehlte. Deshalb habe sie die vergangenen drei Tage und Nächte damit zugebracht, das Internet nach meinem Vater zu durchstöbern.

Mit Kugelschreiber hatte sie einen Namen unter das Foto geschrieben: «Owen Mc Farlane».

«Hannah, das ist lieb von dir», sagte ich, «aber das kann leider nicht sein. Der Nachname lautet Mc Ferlain. Das stand so in der Gerichtsakte.»

«Dann steht er eben in der Gerichtsakte falsch», entgegnete Hannah.

«Das ist ein offizielles Dokument. Die haben bestimmt seinen Pass überprüft.»

«Mama, es ist mir ganz egal, was da steht. Das hier ist dein Vater.»

Da Hannah bei der Suche nach einem Owen Mc Ferlain nicht fündig geworden war, hatte sie einfach die Schreibweisen des Nachnamens variiert. Immerhin sei mein Vater bei

Gericht ja gar nicht anwesend gewesen, argumentierte Hannah. Man habe seinen Namen vielleicht nur nach Hörensagen aufgeschrieben.

Ich sah mir das Foto noch einmal an. Besah Augen, Mund und Nase. Was hatten diese Gesichtszüge mit mir zu tun? «Wieso kann mein Vater nicht zum Beispiel der sein, der freundliche Dicke da?», fragte ich und zeigte auf das Porträtfoto daneben.

«Nie im Leben», rief Hannah aus, «schau dir doch bloß die Form seiner Nase an. Und das fliehende Kinn.»

Ich sah wieder auf das Foto, das Hannah auserkoren hatte. «Man kann auf diesem Foto doch kaum etwas erkennen», wandte ich ein.

«Man kann alles erkennen», versicherte Hannah. «Sieh doch mal genau hin. Der Typ sieht aus wie du. Die gleichen asymmetrischen Nasolabialfalten, die Form der Unterlippe, die Schlupflider ... und irgendetwas in seinem Blick.»

Ich schaute meine Tochter ungläubig an. Ich wusste nicht einmal, dass ich asymmetrische Nasolabialfalten hatte, genauso wenig hätte ich jemals erkennen können, ob sie irgendwem ähnelten.

Einerseits war es unmöglich. Es war ein winziges, verzogenes Bild aus dem Internet. Ich zeigte das Foto Alexander und den anderen Kindern. Niemand sah eine Ähnlichkeit. Andererseits war es eben Hannah, die auf diese Ähnlichkeit pochte. Nur sie hatte diesen ganz besonderen Blick für Proportionen und Symmetrien. Es war ihr Terrain. Wie oft musste irgendwer aus unserer Familie stundenlang stillsitzen, bis Hannah die Person fertig porträtiert hatte – und zwar verdammt gut.

Eine diffuse Hoffnung, gepaart mit einer ängstlichen Unruhe, machte sich in mir breit. Konnte es wirklich sein?

Ich faltete das Papier, steckte es in die Handtasche und fuhr zu meiner Mutter. Vielleicht würde sie ihn wiedererkennen. Wer, wenn nicht sie.

«Juschi? Bist du es? Schließ ruhig auf, ich komme gleich», hörte ich meine Mutter durch die Wohnungstür rufen. Ich schloss die Tür auf. Seit Jahren hatte ich einen eigenen Schlüssel, um in Ferienzeiten Mutters kleinen Hexenkräutergarten auf dem Balkon zu gießen, Misteln, Baldrian und Alraune.

Ich ging ins Wohnzimmer, ließ mich auf das flauschige Samtsofa mit den orientalischen Kissen sacken, wobei ich herumliegende Runensteine und Tarotkarten vorsichtig zur Seite schob. Auf dem Couchtisch thronten schwarze, langstielige Kerzen und eine stattliche Sammlung an Buddhas jeder Größe und jeden Bauchumfangs. An der Wand quoll das Bücherregal meiner Mutter über vor Fachliteratur zu den Themengebieten Astrologie, Tarot und Handlesen, Buchtitel, die von «Spirituelle Antworten auf alle Lebensfragen» bis hin zu «Die Heilkraft der Engel» reichten.

Bei jedem Besuch war ich immer wieder aufs Neue verblüfft, wie sehr sich dieses Wohnzimmer von jenem gutbürgerlichen Raum unterschied, der früher, genau eine Etage tiefer, unser Wohnzimmer gewesen war.

Im schwarzen Samtkleid kam meine Mutter ins Wohnzimmer gerauscht, stellte die Teekanne auf das einzige freie Eckchen des Couchtischs und gab mir einen Kuss. Sie setzte sich und entzündete ein Räucherstäbchen. Ich öffnete meine Handtasche und schob ihr das Blatt mit den Fotos zu.

«Ich weiß, es sind mittlerweile ein paar Jahre vergangen, aber bitte schau einmal genau hin. Meinst du, das hier könnte er sein?»

Meine Mutter beugte sich über das Foto.

«Ach du meine Güte!» Sie beugte sich noch tiefer über das

Blatt. «Ist das Foto winzig. Gib mir mal meine Brille. Himmel, er hat ja kaum Haare ... und einen seltsamen Bart ... Der Typ sieht aus wie dieser schwarze Detektiv aus ‹Shaft›, diese Kultserie aus den Siebzigern, kennst du die? Also, Juschi, tut mir leid, aber auf dem Foto erkenne ich ihn nicht wieder. Weißt du überhaupt, wie lange das her ist? Lass mal rechnen ... ach was, klar weißt du, wie lang das her ist. Einundfünfzig Jahre fast! Also, ich glaube, er sah irgendwie besser aus ...» Meine Mutter redete schnell, das tat sie oft, wenn sie ein Thema so zügig wie möglich beenden wollte.

«Kommt dir das Gesicht gar nicht bekannt vor?», hakte ich nach.

«Du liebes bisschen, ich weiß nicht mal, ob ich ihn noch erkennen würde, wenn er noch genauso aussähe wie früher! Nein, tut mir leid. Ich erkenne gar nichts wieder.»

Wahrscheinlich um mich zu trösten, eröffnete sie mir salbungsvoll, sie habe mir anlässlich meines fünfzigsten Geburtstags doch einmal die Karten gelegt. Und diese seien tatsächlich aussagekräftig gewesen, trotz unserer Verwandtschaft. Sie hätten eine einschneidende Veränderung im positiven Sinne offenbart.

«Na, das könnte doch durchaus passen», versicherte sie mir freudestrahlend. Aus ihrem Blick las ich aber noch etwas anderes. Etwas Leises, Ängstliches: «Warum machst du das, Kind? Warum reicht dir nicht, was du hast? Warum reiche ich dir nicht?»

«Guten Morgen, die Damen!» Musa, der Mann meiner Mutter, stand im geringelten Bademantel grüßend in der Zimmertür. Die Schicht an der Bar sei gestern wieder einmal endlos gewesen, jetzt bräuchte er erst mal einen doppelten Espresso. Seine müden Augen reibend, schlurfte er, «I Shot the Sheriff» von Bob Marley vor sich hin pfeifend, in die Küche.

209

DEAR MR MCFARLANE

Mama, vertrau mir einfach. Jetzt schreib endlich diesem Owen. Du wirst sehen, dass ich recht habe. Was hast du schon zu verlieren?» Hannahs große tiefbraune Augen blickten mich am Esstisch erwartungsvoll an.

So einiges, dachte ich, vor allem meinen Seelenfrieden. Aber na gut, ich würde diesem Mann also schreiben, meiner Tochter zuliebe, schließlich hatte sie sich all die Mühe gemacht. Auch wenn ich mir sicher war, dass sie sich irrte. Nur vorher noch rasch die Blumen gießen. Und dann zur Bäckerei. Und Staub wischen in meinem Arbeitszimmer ...

Du willst diesem Mann wirklich schreiben?, mahnte eine Stimme in meinem Kopf. Auf was lässt du dich da ein? Es könnte ernst werden. Wenn du ihn wirklich findest, musst du ihn nehmen, wie er ist.

Genau das will ich, sagte eine andere Stimme in mir. Eine konkrete Person, einen richtigen Menschen, und nicht nur ein Hirngespinst.

Hin- und hergerissen rief ich, wie so oft, wenn ich einen wichtigen Rat brauchte, meine alte Freundin Maria an. Sie lebte in Düsseldorf, war aber oft bei uns, auch weil sie ihren Status als Patentante meiner Kinder sehr ernst nahm.

«Unbedingt. Jetzt melde dich bei diesem Mann!», rief sie begeistert durch den Hörer. Obwohl oder gerade weil sie Hans gut gekannt hatte, hatte sie mich immer darin bestärkt, meinen richtigen Vater zu suchen.

«Aber ...»

«Nichts aber», fiel mir Maria ins Wort. «Jetzt hast du endlich die Chance, dieses Kapitel abzuschließen. Jetzt oder nie! Kannst du dich noch an den Abend am Strand von Hossegor erinnern, an unseren Südfrankreichurlaub nach dem Abi? Wir schauten aufs Meer hinaus, als du wie aus dem nichts plötzlich sagtest: Irgendwo da drüben wohnt mein Vater. Und so oft, wenn ich neben meinem Vater saß, hast du uns regelrecht angestarrt, fasziniert, wie ähnlich wir uns sahen. Du weißt, wie sehr ich meinen Vater vermisse. Seit vierzehn Jahren ist er jetzt schon tot. Ich kann dir aus eigener Erfahrung sagen, dass es toll ist, seinen Vater zu kennen. Du solltest es unbedingt versuchen. Du wolltest doch immer schon wissen, wie er ist.»

Sie hatte recht. Ich wollte Klarheit. Am späten Abend ging ich in mein Arbeitszimmer, schloss die Tür, öffnete meinen Laptop und tippte «Owen McFarlane» in das Suchfeld von Facebook ein. Bis zu diesem Tag hatte ich soziale Netzwerke im Allgemeinen und Facebook im Besonderen für sinnlos und überbewertet gehalten, mindestens so überbewertet wie «Nur die Liebe zählt». Wenn meine Kinder ganze Stunden bei Facebook oder Instagram verbrachten, hatte ich immer den Kopf geschüttelt. Jetzt war ich selber hier. Jetzt bekam dieses Facebook für mich eine nie geahnte Bedeutsamkeit.

Und tatsächlich: Sein Profil ploppte auf mit dem bekannten Schwarzweißfoto. Dies also war die Facebook-Seite von Owen McFarlane. Weitere Informationen zur Person fand ich nicht, keinen Wohnort, keinen Familienstand oder Beruf, nichts. Als ob das Profil noch nie benutzt worden wäre und seit seiner Einrichtung still vor sich hin staubte.

Um eine Nachricht schreiben zu können, musste ich mir ein eigenes Nutzerprofil anlegen, wofür ich eine Dreiviertelstunde brauchte, aber meine Kinder oder Alexander wollte ich jetzt nicht fragen. Da ich meinen richtigen Namen erst einmal nicht nennen wollte, meldete ich mich unter falschem Vornamen als Julia Weber an.

Als ich herausgefunden hatte, wie man eine Nachricht schreibt, beäugte ich das leere Textfeld, das es jetzt zu füllen galt. Wie sollte ich diesen fremden Mann nur ansprechen? Mit einem saloppen «Hello»? Oder förmlicher: «Dear Mr Mc Farlane»? Und wie weiter? Keinesfalls wollte ich gleich mit der Tür ins Haus fallen: «Any chance that you are my father?»

Um eine Freundschaft anzufragen, gab es einen eigenen Button. Um eine Vaterschaft anzufragen, gab es natürlich keinen. «Jutta Weber hat Ihnen eine Vaterschaftsanfrage gesendet», das hätte lustig geklungen, aber so einfach ging es leider nicht.

Schließlich hatte ich meine Nachricht fertig getippt. Kurz und bündig schrieb ich auf Englisch: «Lieber Mr Mc Farlane, haben Sie in den frühen sechziger Jahren mit Ihrer Band in Deutschland gespielt? Tschüss, Julia Weber».

Ich klickte auf Absenden.

Mein Gott, wie komplett bescheuert meine Nachricht klang! Was sollte dieser Mann von mir denken? Für wen sollte er mich halten? Für eine verrückte, detailversessene Musikwissenschaftlerin, die über Rock-'n'-Roll-Bands in den sechziger Jahren forschte? Oder gar für ein gealtertes, nimmermüdes Groupie? Natürlich würde ich keine Antwort erhalten.

Und so kam es auch. Den ganzen nächsten Tag wartete ich vergebens auf eine Nachricht. Und am zweiten Tag genauso. Mit jedem Tag, der ohne eine Antwort verging, sank meine Hoffnung mehr und mehr. Nach einer Woche hatte ich jeden Glauben daran völlig begraben.

Nach zehn Tagen starrte ich ungläubig in mein Postfach: eine Nachricht von Owen Mc Farlane.

«Ja, ich war damals in einer Band, die in den 1960ern in verschiedenen deutschen Städten gespielt hat», schrieb er auf Englisch. «Aus welcher Stadt kommen Sie?»

Ganz langsam begann sich in mir etwas zu regen. Konnte es tatsächlich so einfach sein?

Es war später Nachmittag. Alexander rief vom Flur, er fahre in die Stadt, ob ich mitkommen wolle.

«Nein danke, ich habe gerade etwas Wichtiges zu tun», rief ich durch die verschlossene Tür und beugte mich tiefer über den Bildschirm. Ohne dieses Mal über meine Wortwahl zu grübeln, schrieb ich sofort zurück. Meine zittrigen Finger hämmerten in die Tastatur: «Mein Name ist Jutta. Meine Mutter Helga hat mir von einem Mann und seiner Band erzählt, den sie im August 1963 in Wuppertal kennengelernt hat.»

Eine Viertelstunde später erhielt ich eine Antwort.

Ja, er sei dieser Mann. Und wenn mein Name Jutta sei, dann sei er mein Vater. Er trage seit fast fünfzig Jahren ein Foto von mir bei sich und habe immer darauf gehofft, dass genau dieser Moment irgendwann in seinem Leben eintreten werde. «Ich bin sehr glücklich, dass du mich endlich kontaktiert hast», beendete er seine Nachricht, «das hast du großartig gemacht.»

Es war ein leises Gefühl, das sich in mir regte. Groß, aber leise. Ich war auf eine ganz besondere, intensive Art berührt, so als hielte ich etwas Wundervolles, aber noch ganz Zartes, Filigranes in den Händen. Es gab keine Explosion. Vielmehr rührte sich etwas. Tief in mir, physisch spürbar, löste sich ein alter Druck.

So einfach war es. Dies war mein Vater. Dieses kleine, schwarzweiße Gesicht auf dem Bildschirm war seins. Dies war sein richtige Name – wenn auch in der Gerichtsakte falsch geschrieben. Wer hatte so geschludert? Der Gerichtsschreiber? Oder meine Mutter?

Egal, sofort schrieb ich Owen McFarlane zurück und fragte, wo er lebe und wie viele Kinder er habe. Die Antwort kam prompt: «Hier in Kanada habe ich zwei Kinder – und da ich dein biologischer Vater bin, habe ich drei Kinder. In Liebe, Dad.»

Kanada. Nicht Jamaika.

Mein Vater lebte gar nicht als gealterter Rastafari auf Jamaika, sondern als pensionierter Buchhalter in Kanada, wie ich kurz darauf erfuhr. Er hatte drei Kinder. Und eines davon war ich.

Plötzlich war alles ganz schlicht, einfach und selbstverständlich. Und, seltsam, allein durch diese wenigen, intensiven Sätze spürte ich zwischen diesem Mann und mir eine zarte Vertrautheit.

«Hast du endlich von deinem Vater gehört?», fragte mich Hannah, als ich nach anderthalb Stunden wie auf Wolken zurück ins Wohnzimmer schritt. Das fragte sie mich zurzeit dreimal täglich.

«Ja», antwortete ich. «Und er lässt freundlich grüßen.»

Meine Töchter schrien laut auf, hüpften im Hausflur auf und ab und umarmten sich abwechselnd.

«Papa, das glaubst du nicht. Er ist es wirklich!», riefen sie, rannten zu Alexander ins Arbeitszimmer und umarmten ihn von allen Seiten. Alexander grinste breit und sah mich fragend an. Ich nickte nur – alles andere wäre eh im Jubel unserer Töchter untergegangen. Lotta verdrückte ein paar Tränen, als handle es sich um das Finale bei «Nur die Liebe zählt».

Jan war von seinen Schwestern alarmiert worden und kam sofort atemlos angeradelt. Elena rief alle ihre Freunde an, ehe sie über WhatsApp noch den Rest der Welt informierte.

«Mama, ich soll dir von Franzi/Cosi/Rosa/Ike … gratulieren und dich ganz lieb drücken!», rief sie alle paar Minuten, wobei mir einige der Namen gar nichts sagten.

Zur Feier des Tages gingen wir noch am selben Abend alle zusammen ins italienische Restaurant um die Ecke.

«Wir haben jetzt einen neuen Opa!», erklärte Lotta dem verdutzten Kellner, der uns seit vielen Jahren kannte. «Er ist Jamaikaner – nein, Kanadier – eher irgendwie beides», ergänzte sie fröhlich.

Zum Nachtisch gab es turmhohe, vor Sahne triefende Eisbecher, und Hannah bekam den größten von allen. Noch ein Dutzend Mal musste sie von ihrer Idee mit den unterschiedlichen Schreibweisen und von der Asymmetrie der Nasolabialfalten erzählen, bis wir uns müde und gleichzeitig aufgekratzt nach Hause schleppten durch die laue Julinacht. Ehe ich ins Bett ging, zog ich aus der Nachttischschublade mein Tagebuch, das ich sporadisch führte, schrieb seitenlang hinein und endete mit dem Satz: «Es ist der Beginn von etwas Altem.»

Und natürlich konnte ich in dieser Nacht nicht schlafen.

Ich brauchte den folgenden und einen weiteren Tag, um das Ganze einigermaßen für mich einzuordnen. Erst dann rief ich meine Mutter an.

«Mama ...» Ich holte tief Luft, da ich ahnte, dass sie die immense Neuigkeit längst nicht so begeistert aufnehmen würde wie ich. «Das Foto, das Hannah gefunden hat, zeigt tatsächlich meinen Vater. Er ist es.»

«Nee, nee, erzähl mir nichts. Er sah anders aus: größer und schlanker und mit wilden Locken ...»

«Mag sein, dass er sich verändert hat. Aber ich habe ihm geschrieben. Und er hat geantwortet. Und dabei hat er dich sogar beschrieben.» Ich las vom Bildschirm meines Laptops ab: «Eine schöne, junge, schlanke blonde Dame mit grünen Augen», übersetzte ich ihr.

«Meine Augen sind nicht grün, sondern grüngrau», korrigierte meine Mutter. «Ansonsten hat der Mann natürlich recht. Mein Gott, das gibt's doch gar nicht! Also, ich weiß jetzt nicht, ob ich das brauche, denn eigentlich ist alles gut so, wie es ist. Aber wenn es dich freut ... Na, denn man tau, Juschi. Ich koche gerade Erbsensuppe und muss sehen, dass sie nicht anbrennt.»

DER MANN MIT DER GITARRE

Von nun an schrieben Owen und ich uns jeden Tag eine E-Mail, manchmal auch zwei, drei hintereinander. Jeden Morgen schaute ich noch vor dem Frühstück nach, ob eine neue Nachricht in meinem Postfach war. Jeden Abend galt mein letzter Blick meinem Smartphone, und das obwohl ich Handy-Nutzung im Bett eigentlich nie gemocht hatte.

Es waren lange, sehr persönliche Mails, die wir uns schrieben, und sie wurden mit den Tagen und Wochen immer länger. Wir tauschten auch unsere Telefonnummern aus, aber wir riefen uns nicht an. Ich hatte Scheu vor der Nähe, vor der unbekannten Stimme direkt an meinem Ohr, und vermutlich ging es ihm genauso. Außerdem hatte ich Hemmungen davor, das Gespräch auf Englisch zu führen, einer Sprache, die nicht meine Muttersprache war.

Die Mails hingegen waren für uns genau die richtige Form der Kommunikation. Langsam und schrittweise stellten sie Nähe her, und nach und nach wurde aus der nebulösen Figur eine konkrete Person.

Owen war auf Jamaika aufgewachsen. Sein Vater hatte an der Küste auf einer Schiffswerft gearbeitet.

«Es ist so phantastisch dort. Das Meer, die Berge, die Palmen, die Menschen, der Sonnenaufgang über dem Meer …»

So, wie Owen seine Heimatinsel beschrieb, wäre ich auch gern dort aufgewachsen.

Als er achtzehn war, war seine Familie nach London ausgewandert. Schon auf Jamaika hatte er sich, wie fast alle dort, sehr für Musik interessiert und war häufig auf Konzerten. Auch in London boomte der Rhythm and Blues und der Rock 'n' Roll. Owen wollte mitmachen. Er gründete mit Freunden vom College die Band «The Downbeats», bestehend aus fünf schnieken jungen Schwarzen in Glitzerjacketts und mit akkuraten Afrolocken.

In England schon bald erfolgreich, vermittelte ein Agent die fünfköpfige Band nach Deutschland, wo sie durch Kellerclubs und Tanzcafés tourten. Sie hatten ein paar eigene Lieder, kopierten aber vor allem die bekannten Songs von Little Richard, Ray Charles oder Elvis. Die wollte jeder hören.

Über sieben Jahre spielten sie sich von Nord- nach Süddeutschland, von Kiel über Hannover, Düsseldorf, Mannheim bis nach München. In jedem Club waren sie gleich mehrere Wochen oder Monate am Stück gebucht.

In Hamburg hatten «The Downbeats» im Jahr 1960 für zwei Monate im «Kaiserkeller» gespielt. Die Band, mit der sie sich dort auf der Bühne abwechselten, bestand aus vier jungen, noch recht unerfahrenen Musikern aus Liverpool mit dem Namen «The Beatles».

Deutsch hatte Owen durch die jahrelange Tour ganz passabel gesprochen. Nur wenige Deutsche sprachen damals Englisch, sodass er die Sprache recht schnell gelernt habe.

«Ja, ich spreche ein bisschen immer noch. Viel verloren. Entschuldige mich. Ich lerne wieder.»

Die Deutschen liebten «The Downbeats», vor allem die deutschen Frauen. Owen formulierte es so: «Die deutschen Damen waren sehr nett zu uns und freundlich und verbrachten gern Zeit mit uns ...»

Als ich den Namen seiner Band im Internet eingab, fand

ich tatsächlich ein uraltes Bandfoto. Verdutzt betrachtete ich den Saxophonisten, der so gar nicht dem Mann auf dem Facebook-Foto ähnlich sah. Ich schrieb Owen, ob er tatsächlich der Saxophonist sei.

«Nein, ich habe nie Saxophon gespielt. Das ist mein Bruder. Ich bin der mit der Gitarre.»

O Gott, dann wird es doch nicht vielleicht der Bruder ...? Das wollte ich nun wirklich nicht zu Ende denken. Zum Glück konnte sich Owen, ganz im Gegensatz zu meiner Mutter, an viele Details erinnern.

Der Club in Wuppertal sei groß gewesen und die Tanzfläche übervoll. Die schöne Helga sei ihm an jenem lauschigen Abend im Sommer 1963 gleich zu Beginn des Konzertes aufgefallen: «Ich erinnere mich an deine Mutter als eine sehr schöne junge Frau.» Nach dem Konzert habe man noch gemeinsam etwas getrunken. Dabei sei es spät geworden, und da keine Bahn mehr fuhr, sei meine Mutter eben mit zu ihm ins Hotel gekommen.

Die blauen Punkte auf Mutters Kleid, ihre spitz gefeilten Fingernägel, die Flasche rheinischen Likörs in der Minibar des Hotelzimmers, an all das konnte sich Owen erinnern. Auch das einzige Wiedersehen, zwei Jahre nach meiner Geburt, hatte er noch gut im Gedächtnis. Eines Nachts, nach einem Auftritt in Düsseldorf, stand sie plötzlich am Künstlereingang und eröffnete ihm, er sei inzwischen Vater geworden. Er habe eine kleine Tochter. Verdutzt sei er gewesen, aber von Anfang an auch ein kleines bisschen stolz. Auf den beiden Fotos, die sie ihm daraufhin schenkte, erkannte er tatsächlich Ähnlichkeiten.

Meine Mutter erzählte ihm, wie schwierig es für sie allein mit dem Kind sei. Daraufhin bot er an, mich im Notfall mit zu seiner Mutter zu nehmen. Sie vereinbarten ein Treffen, an dem er mich kennenlernen sollte. Meine Mutter war zu dem Treffen jedoch nicht erschienen.

Owen wusste nichts von ihr, weder Anschrift noch Nachnamen. Durch einen gemeinsamen Bekannten hatte er schließlich eine Adresse ausfindig machen können, doch als er vor der Haustür stand und eine alte Dame öffnete – Dönberg müsse sie geheißen haben oder so ähnlich –, erklärte diese, Helga sei mitsamt ihrem Kind bereits ausgezogen, ohne ihr mitzuteilen, wohin. Daraufhin habe er akzeptiert, dass sie sich entschieden hatte, mich zu behalten, ganz für sich allein.

«Deine Mutter hatte eine Entscheidung getroffen», schrieb Owen, und wenn eine Mutter dies entscheidet, dann muss der Vater damit leben. So habe er jedenfalls damals gedacht, in den sechziger Jahren. Vermutlich würde er das heute, in derselben Situation, etwas anders sehen. Es seien eben andere Zeiten gewesen. Er habe immer nur gehofft, dass sie mich nie zur Adoption freigeben würde.

Owens langer Bericht gab mir ein gutes, warmes Gefühl. Dass mein Vater, neuntausend Kilometer entfernt, mich immer als einen Teil seines Lebens empfunden hat, mit der gleichen Sehnsucht nach einem Kennenlernen wie ich, hatte ich mir in meinen kühnsten Träumen nicht ausgemalt.

Nachdem sich Owens Band 1965 aufgelöst hatte, war er nach Kanada ausgewandert. Und um seinem Leben einen soliden Schliff zu geben, studierte er Buchhaltung. Im Alter von vierzig Jahren erhielt er eine Anstellung bei der Regierung und heiratete eine zwanzig Jahre jüngere schwarze Kanadierin, meine nahezu gleichaltrige Stiefmutter. Sie bekamen zwei Kinder, Shauna und Tyler, heute achtundzwanzig und einunddreißig Jahre alt.

Nachdem wir uns die groben Eckpfeiler unserer Lebensgeschichten erzählt hatten, schrieben wir uns über Kinofilme, unsere Kinder oder aktuelle politische Entwicklungen. «Merkel ist wirklich eine starke Frau!», schrieb er überschwänglich.

Schmunzeln musste ich darüber, dass mir Owen in jeder Mail einen ausführlichen Wetterbericht schrieb – very british, wie anscheinend so vieles in dieser ehemaligen englischen Kolonie, seiner Heimatinsel Jamaika. Es war die Zeit der Fußballweltmeisterschaft 2014 in Brasilien. Jedes Deutschlandspiel sah Owen sich an, um mir danach genaue Spielanalysen zu schicken. «Ich liebe Neuer! Er ist der beste Torwart aller Zeiten», oder: «Özil hat nicht gezeigt, was er kann.»

Manchmal schrieb er auch über Deutschland, über das, was er an diesem fernen Land so gemocht hatte: «In Deutschland fühlst du überall die Geschichte», oder auch: «Ich liebe Schaschlik und Currywurst. So lecker! Isst man das immer noch in Deutschland?»

Ich erzählte ihm von meinen Kindern und ihrer Liebe zu Reggae.

Beim Lesen von Owens Mails musste ich grinsen, wenn ich mich in seinen Beschreibungen wiederfand. So liebte er es, im Meer weit hinauszuschwimmen, und hatte schon immer viel Zeit mit seinen Kindern verbracht. Er war ein Frühaufsteher, der sich bereits morgens im Bett einen exakten Plan für den Tag zurechtlegte, ganz genau wie ich.

Er beschrieb sich als stur und dickköpfig, was seine Ziele angeht, und all dies klang, als sei es eine Selbstbeschreibung von mir. Es war wirklich erstaunlich, wie ähnlich wir uns offenbar waren.

Zwei Wochen nach unserer ersten Mail erhielt ich ein Paket. Dutzende Fotos waren darin, von Owen und seiner Familie. Allein, mit seiner Kleinfamilie oder in einer riesigen Traube jamaikanischer Tanten und Onkel. Schwarzweiß oder farbig, stark zerknittert oder wie neu. Auch ein paar Polaroidfotos waren darunter sowie kopierte Zeitungsausschnitte seiner Band.

Viele Fotos waren aus den siebziger Jahren und zeigten Owen mit Schlaghosen und einem wilden Afro. Damals sah er wirklich blendend aus. Kein Wunder, dass meine Mutter ihn attraktiv gefunden hatte. Auf anderen Bildern war er bereits dreißig, vierzig Jahre alt und trug einen extravaganten Bart, der seinen Mund umrandete wie ein umgekehrtes U. Auf einem hat er rechts und links jeweils ein kleines Kind im Arm. Das waren sie also, meine Halbgeschwister, und dort noch mal eines, auf dem sie bereits volljährig waren. Sympathisch sahen sie aus. Sehr gerne würde ich sie irgendwann einmal kennenlernen, dachte ich.

Es gab auch aktuellere Fotos. Strahlend steht Owen mit Stirnglatze und grauem Lockenkranz vor der Bob-Marley-Statue in Kingston. Neben ihm lehnt eine viel jüngere Schwarze, vermutlich seine Frau, sozusagen meine Stiefmutter, auch wenn sie kaum älter wirkt als ich.

Ein anderes Foto zeigte Owen neben einem anderen Schwarzen, zwischen ihnen ein goldener Grammy, die wichtigste Auszeichnung für Musiker in den USA. Auch wenn Owens Band nie einen großen Hit gelandet hatte, sein Cousin Charlie hatte gleich mehrere zu verbuchen, wie mir Owen schrieb: Charlie war Musiker der berühmten Reggae-Band «Inner Circle», die mit «Bad Boys» oder «Sweat (A La La La La Long)» in den achtziger und neunziger Jahren auch in Deutschland die Charts angeführt hatte. Auf Reggae-Festen hatten meine Kinder zu deren alten Hits getanzt, nicht ahnend, dass der Typ an der Gitarre ihr Großonkel war.

Auf dem Foto, das ich jedoch am liebsten mochte, ist Owen etwa zwanzig, sitzt mit Gitarre auf einem Hocker und lacht in die Kamera, sodass man seine Zahnlücke sieht, die genauso breit ist wie meine. Dieses Foto stellte ich auf meinen Schreibtisch.

Erstaunlich war auch die Kopie eines Zeitungsartikels über einen Bandauftritt von 1963. Fünf schwarze junge Männer in Glitzerjacketts waren auf dem Pressefoto zu sehen. Die Bildunterschrift: «The Downbeats in Gelsenkirchen: Sondergastspiel der Jamaika-Neger-Band».

Ob ihn solche Kommentare denn nie gekränkt hätten, fragte ich ihn per Mail. Ach nein, antwortete Owen, er habe darüber hinweggesehen. Die meisten Deutschen seien ihm freundlich begegnet und die paar Pöbeleien zwischendurch habe er längst vergessen.

Auch meine Kinder liebten die Fotos. Lotta ließ eines in ihrem Portemonnaie verschwinden und zeigte es jedem in der Schule. Hannah saß stundenlang vor dem Fotoberg und fahndete nach Ähnlichkeiten zwischen sämtlichen Familienmitgliedern.

«Das ist ja irre, Owen hat dieselbe Nase wie Lotta», erklärte sie dann, oder: «Dein Halbbruder Tyler, exakt die gleichen Ohren wie Jan!»

Nach stundenlangem Betrachten erkannte auch ich, wie ähnlich ich meinem Vater tatsächlich sah: die gleiche Zahnlücke, diese Mundpartie und irgendetwas im Blick.

Nach drei Wochen schrieb mir Owen, er wolle uns besuchen. «Ich will kennenlernen euch und ich übe wieder Deutsch!» Er sei ja inzwischen Rentner. Zwar habe er noch einige Kunden, aber seine buchhalterischen Nebentätigkeiten könne er auch ein wenig verschieben und Zeit habe er genug.

«Mein Vater kommt zu Besuch!», rief ich durchs ganze Haus. Hinter diesem eigentlich unspektakulär klingenden Satz, der in den meisten Familien zu einem kurzen Nicken geführt hät-

te, verbarg sich in meinem Fall die Erfüllung eines jahrzehnte-
langen Traums.

Ein paar Tage später schrieb Owen, er habe einen Flug gebucht und komme in sechs Wochen. Bleiben würde er drei.
Ein Hotel bräuchte er nicht. Ob wir irgendwo eine freie Couch
oder ein Gästezimmer hätten?

Ich war gerührt. Und ich fand es sehr mutig. Owen schien
davon auszugehen, dass er sich bei uns wohlfühlen, es drei
Wochen bei uns aushalten würde. Woher konnte er wissen,
dass wir nicht komplette Chaoten waren? Oder Messis? Oder
uns andauernd stritten?

Alexander freute sich mit mir und ging die Sache pragma-
tisch an. Er besorgte für das Gästezimmer eine bequemere
Matratze und einen Fernseher mit DVD-Spieler, da Owen geschrieben hatte, dass er europäische Filme liebe: französische
Komödien, englische Kriminalfilme und Schwarzweißfilme
von Fritz Lang.

Manchmal überfielen mich auch Sorgen. Was, wenn sich
Owen bei uns langweilte? Oder wenn wir uns, von Angesicht
zu Angesicht, plötzlich fremd waren, uns nichts zu sagen hatten?

Ich hängte zwei neue Bilder im Gästezimmer auf. Auf einem
war der Rhein mit dem Felsen der Loreley zu sehen und auf
dem anderen die deutschen Alpen. Ich recherchierte die besten Currywurstbuden der Region. Und schließlich informierte
ich meine Mutter. Wie würde sie auf die Nachricht reagieren?

«Owen kommt zu Besuch!»

«Was, wirklich? Nun ja», entgegnete sie.

«Ich würde mich freuen, wenn du dann vorbeikommst und
ihn kennenlernst», sagte ich. «Also, ihn wiedertriffst, um genau zu sein.»

«Das wird sich kaum vermeiden lassen», sagte meine

Mutter. Sie klang wenig begeistert. «Na gut, wenn du es dir wünschst. Du weißt, ich brauche das nicht. Mir ist das alles nicht wichtig.»

Owens Flugzeug sollte am 7. Oktober in Düsseldorf landen. Am selben Tag war auch der Geburtstag meines Sohnes und gleichzeitig der meines Bruders. Jedes Jahr am 7. Oktober machten wir ein großes Fest bei uns zu Hause. Ob es für ihn in Ordnung sei, wenn er gleich mit einem Fest begrüßt werde, oder ob er erst einmal in Ruhe ankommen wolle, fragte ich Owen vorab. Aber nein, die Gäste sollen ruhig kommen, schrieb er. «Ich freue mich darauf, all die Leute kennenzulernen».

Außerdem hatte Hannah am 7. Oktober ihren ersten Tag an der Kunstakademie in Düsseldorf. Sie wusste nicht, welchem Ereignis sie mehr entgegenfieberte: ihrem ersten Tag als Studentin oder der Ankunft ihres Großvaters.

EIN GANZ BESONDERER MOMENT

Und dann war er plötzlich da, der 7. Oktober 2014. Es war ein sonniger, kalter Herbsttag. Die Ahornblätter der Allee vor unserem Haus leuchteten grün, gelb und rot. Die Farben Jamaikas, ging es mir durch den Kopf, als ich in meinem braunen Lieblingsmantel ins Auto stieg.

Ich fuhr allein zum Düsseldorfer Flughafen, rollte ins Parkhaus, ging hinein in die Halle. Alles tat ich ganz ruhig, beinahe mechanisch. Ich starrte auf den Ticketautomaten, die Autovermietung und den Bäcker neben der Flughafenhalle. «Merk dir das», sagte ich mir, «jetzt nur nicht in der Aufregung den Weg zum Auto vergessen.»

Erst als ich am Empfangs-Gate stand und auf meinen Vater wartete, kam die pure Aufregung. Eine flirrende Unruhe machte sich in mir breit. Mein Herz hämmerte gegen den Brustkorb. Hier stand ich, mit fünfzig Jahren, und wartete auf meinen unbekannten Vater, eine Situation, so ungewohnt, so mit nichts anderem zu vergleichen.

Unmöglich konnte hier, an diesem Ausgang, an dem ich schon so oft auf Freunde und Familie gewartet hatte, in wenigen Minuten Owen Mc Farlane erscheinen.

Neben mir stand eine Gruppe Jugendlicher, die ein Plakat hochhielten: «Welcome back, Jonas!» stand in riesengroß gepinselten Buchstaben darauf. Vielleicht hätte ich mir auch ein «Dad»-Plakat malen sollen, Dad in riesigen Buchstaben geschrieben und dahinter ein großes Fragezeichen.

Tausend Fragen schossen mir durch den Kopf.

Würde ich ihn gleich erkennen? Und wie klang seine Stimme? Wir hatten kein einziges Mal miteinander telefoniert. Und wie sollte ich ihn überhaupt anreden? Owen? Oder Dad? Sollte ich diesen Mann wirklich Dad nennen? In meinem Alter? Dad. Das kurze Wort fühlte sich in meinem Mund vollkommen fremd und irgendwie unwirklich an.

Anfangs hatte er seine Mails mit «Owen» unterschrieben. Irgendwann war er dann auf «Dad» umgeschwenkt. Auch ich redete ihn in den Mails manchmal mit «Hi, Dad» an. Aber schreiben war das eine, Dinge aussprechen etwas ganz anderes.

Ich schaute auf die Anzeigetafel und bekam kalte Hände. Owens Maschine war gelandet. Bald würde sich die Tür öffnen. Ich starrte auf den Sekundenzeiger der riesigen Flughafenuhr über mir, der sich unendlich langsam bewegte. Viertel nach elf. Vor acht Minuten war er gelandet.

Wie würde all das für ihn sein? Wie fühlte er sich in diesem Moment? Vermutlich war er mindestens genauso aufgeregt wie ich. Er kam hierher, ganz allein, ohne Familie, ohne Freunde, ohne irgendwelche Rückendeckung.

Die automatische Tür glitt auf. Eine hochgewachsene Frau im apricotfarbenen Kostüm schob einen Kofferwagen mit bedrohlich wackelnden verschiedenfarbigen Koffern in die Ankunftshalle. Ihr auf dem Fuß folgte ein bärtiger Junge mit einem riesigen Rucksack, vermutlich der herbeigesehnte Jonas, denn die Cheerleader-Mädchen stürzten sich jubelschreiend auf ihn. Kurz darauf schritten zwei ältere weißhaarige Paare durch die Tür.

Und dann sah ich ihn. Den dunkelhäutigen schwarzhaarigen Mann in kurzer dunkler Lederjacke und mit glänzend schwarzen Schnürschuhen, der mit einem breiten Lächeln und strahlenden Augen mit bedächtigem Schritt geradewegs auf mich zuging.

«Hello, Jutta!»

Es gibt diese ganz besonderen Momente im Leben, die uns so bedeutsam erscheinen, dass wir uns wünschten, die Zeit möge stillstehen, um den Moment in Ruhe auszukosten. Aber die Zeit fügt sich diesem Wunsch nicht, und auf den einen besonderen Moment folgt der nächste: Das neugeborene Kind liegt auf der Brust, und die Mutter kann es kaum fassen, da trägt es die Krankenschwester bereits zur Waage. Ein solcher Moment war der Augenblick, als ich zum ersten Mal meinem Vater gegenüberstand.

«Hi, Owen!»

Dann schloss er beide Arme um mich und drückte mich an sich. Nach mehren Sekunden ließ er wieder los.

Grinsend sahen wir uns an.

Er war viel kleiner, als ich ihn mir vorgestellt hatte, nur wenige Zentimeter größer als ich.

«Schöne Mantel», probierte er vorsichtig auf Deutsch. Wir mussten beide lachen. Ich entschied, wieder ins Englische zu wechseln.

«Wie war dein Flug?», fragte ich.

«Großartig», antwortete er mit einer angenehm tiefen Stimme. Seite an Seite gingen wir durch die volle Flughafenhalle.

«Bist du hungrig?», fragte ich ihn und zeigte auf einen Imbissstand: «Ich lade dich zu einer Currywurst ein!»

«Klingt gut», lachte Owen auf. «Du kannst wohl meine Gedanken lesen.»

GOOD OLD TIME

Zu Hause erwarteten uns Alexander, Elena und Lotta. «Mein Schwiegersohn», zeigte Owen sein breitestes Lächeln und streckte die Hand aus, «und meine Enkeltochters! Elena. And you are die kleine Lotta.»

Die Mädchen strahlten ihn an, Lotta verdrückte eine Träne vor Rührung. Dann führten sie ihn durchs ganze Haus. Zum Schluss zeigten sie ihm sein Zimmer. Alexander kam dazu, erklärte Owen den DVD-Player, ehe sie ihr gemeinsames Interesse für Free Jazz entdeckten. Ein paar Minuten blieb Owen schließlich allein in seinem Zimmer zurück, um sich frisch zu machen, dann kam er in die Küche und half uns bei den Vorbereitungen für die bevorstehende Party, als sei es schon immer so gewesen. Von außen betrachtet, war an der Situation nichts Besonderes: Eltern, Kinder und Großvater bereiten gemeinsam ein Fest vor, aber in uns allen sah es anders aus. In der Luft lag Erleichterung, Freude, aber auch ein ungläubiges Erstaunen darüber, dass Owen, jahrzehntelang ein Mythos, eine nebulöse Gestalt, jetzt in unserer Küche stand und wie selbstverständlich Gurken in dünne Scheiben schnitt: «So? Oder zu dicke, die Gurkestucke?»

Wir plauderten über den Flug, das Wetter und über all die Gäste, die wir für den Abend erwarteten.

«Du wirst auch meine Mutter wiedersehen», sagte ich.

«Das wird interessant!», antwortete Owen und lachte auf, wobei seine strahlend weißen Zähne blitzten.

Bald darauf traf Jan, das Geburtstagskind, der bis zum Nachmittag Uni gehabt hatte, bei uns zu Hause ein. Doch viel mehr als für seine Geschenke und die Geburtstagstorte interessierte er sich für seinen Großvater. Owen hatte ihm auch ein Geschenk mitgebracht und überreichte ihm eine Saxophon-CD aus Kanada.

«Ich habe gehört, du bist der Mann mit dem Saxophon», sagte Owen auf Englisch.

Jan nickte und erklärte, er habe auch eine Gitarre hier, ob sie am späteren Abend vielleicht miteinander jammen wollten?

Zum Schluss kam Hannah, die ihren ersten Tag an der Kunstakademie hinter sich hatte, ins Haus gestürmt. Als sie Owen sah, hielt sie kurz inne, strich sich den Pony aus dem vor Aufregung glühenden Gesicht, dann ging sie auf ihn zu: «Hallo! Ich bin Hannah.»

«Oh, hallo! Freut mich, dich kennenzulernen!» Owen lachte sein sonores Lachen. «Du bist also das mutige Mädchen, das mich ausfindig gemacht hat. Vielen, vielen Dank.»

Eine Stunde später füllte sich das Wohnzimmer mit den ersten Gästen. Mein Bruder Mats kam mit Frau und seinen drei Söhnen, voller Vorfreude auf meinen Vater. Alle waren gespannt auf ihn, ganz besonders meine Freundin Maria. Über ihre Unterstützung vor ein paar Wochen, ihm tatsächlich über Facebook zu schreiben, war ich jetzt sehr glücklich.

Das Haus füllte sich. Owen lächelte, schüttelte Hände und hörte Namen, so viele, bis diese nur noch an ihm vorbeirauschten. Er präsentierte seinen Gesprächspartnern sein breites Lächeln. Er ließ sich von Lottas pubertierenden Freundinnen mit großen Augen bestaunen und führte stolz sein eingerostetes Deutsch vor.

Owen redete mit allen und jedem, und ich strich immer mal wieder beim Weinflaschenentkorken unauffällig um ihn

herum. Ja, er liebe Deutschland und sei glücklich, wieder hier
zu sein. Nein, er könne nicht mehr viel Deutsch, unter anderem aber «Altbier», «Sperrstunde» und «Meine Damen und
Herrn».

Nein, er sei früher kein Rastafari gewesen. Und nein, er
habe die Mutter seiner Tochter noch nicht gesehen. Wo sie
denn eigentlich stecke?

Zwischendurch ließ er sich auf einem Sessel im immer
voller werdenden Wohnzimmer niedersinken, sah sich aufmerksam um, lauschte dem vielstimmigen deutschen Geplauder, von dem er höchstens ein Zehntel verstand, wie er später
erklärte, und trank genüsslich ein Altbier. Das hatte er auch
früher schon gern gemocht. «Altbier, oh, das habe ich sehr
geliebt», versicherte er.

Dann wieder aß er im Sessel ein Stück Pizza vom Buffet,
wobei er sich vorher ordentlich eine Serviette auf den Schoß
legte. Zwischendurch zwinkerte er mir quer durch das Wohnzimmer zu.

Ich ging zu ihm, legte ihm eine Hand auf die Schulter und
entschuldigte mich, dass ich gerade so viel mit dem Buffet und
all den Gästen zu tun hätte, aber Owen winkte ab. Ich solle
nur machen, er komme gut zurecht. Er finde das alles höchst
spannend.

Und dann war meine Mutter da. Wie immer kam sie nicht
einfach an, sie rauschte in die Küche, in der ich gerade die Auf-
läufe aus dem Ofen holte: «Hallöchen! Musa muss noch arbeiten, der kommt gleich nach. Na, sieht ja nach einem leckeren
Buffet aus, Juschilein!»

«Hast du Owen schon gesehen, Mama?», fragte ich. Auf einmal war ich aufgeregt. Meine Knie wurden weich. Wie würde
die Begegnung werden? Würden sie sich erkennen, sich wirklich wiedererkennen?

231

«Nee», sagte meine Mutter überlaut und betont aufgekratzt, «aber der kommt schon auch noch dran, keine Sorge!»

Nur weil ich sie so gut kannte, merkte ich, dass ihr die Situation nicht ganz geheuer war. Wenn sie unsicher war, sprach sie oft noch ein bisschen lauter und forscher. Ich lächelte sie an. Etwas schief lächelte sie zurück, dann linste sie an mir vorbei ins Wohnzimmer.

«Ach du meine Güte! Da steht er ja. Den hätte ich ja nie wiedererkannt. War er nicht größer? Hat ein ganz schönes Bäuchlein bekommen. Und kaum noch Haare auf dem Kopf. Also, an dem wäre ich glatt vorbeigelaufen, wenn er mir auf der Straße begegnet wäre», plapperte sie drauflos.

Und ehe ich den heißen Auflauf auf dem Untersetzer abstellen konnte, sah ich durch die offene Küchentür, wie sie ins Wohnzimmer marschierte, schnurstracks auf ihn zu: «Hi, Oin! How do you do?»

Ihre Augen blitzten. Ihre Bewegungen waren zackig. Kameradschaftlich klopfte sie ihm auf die Schulter. Hälse reckten sich, Gelächter verstummte. Jemand drehte die leise Musik noch leiser. Es schien, als würden alle Gäste plötzlich nur noch flüsternd reden und sich so im Wohnzimmer positionieren, damit sie von dieser Begegnung so wenig wie möglich verpassten.

«Gut, Helga. Es geht sehr gut», antwortete Owen in vorsichtigem Deutsch und lächelte sie an.

Dann jedoch drehte sich meine Mutter abrupt von ihm fort und begrüßte mit einem lautstarken Hallo die umstehenden Gäste. «Hallo, Alexander! Blendend siehst du aus!», rief sie, dass ihre überschäumende Stimme die leise Musik um ein Vielfaches übertönte, verteilte Küsschen rechts und Küsschen links und begrüßte auch meine alte Freundin: «Hallo, Maria! Schön dich endlich mal wiederzusehen. Na, was hältst du von dem

Überraschungsgast da drüben?», plapperte sie schrill und viel zu schnell. Ihr rot lackierter Zeigefingernagel wies auf Owen.

Aber während sie wie eine quirlige Diva durch den Raum wirbelte, sah ich, dass sie zwischendurch immer wieder zu Owen hinüberschielte, zu dem sich mittlerweile Alexander gesellt hatte und mit ihm über Cool Jazz und seine Abgrenzung zu Bebop diskutierte.

Nach und nach stieg der Geräuschpegel wieder ein wenig an. Bald schienen sich alle im Raum angeregt zu unterhalten, standen in Gruppen zusammen oder futterten sich durchs Buffet. Dennoch waren meine Mutter und Owen der Mittelpunkt, standen im Rampenlicht und unter permanenter, heimlicher Beobachtung.

Dies war der Ort, an dem sich zwei Menschen wiedertrafen, die vor mehr als fünfzig Jahren eine Liaison gehabt und sich seitdem nicht mehr gesehen hatten. Zwei Menschen, die nahezu nichts voneinander wussten, aber durch ein gemeinsames Kind auf unwiderrufliche Art und Weise miteinander verbunden waren.

Als ich meinen Freunden und Verwandten vom Auffinden meines Vaters und seinen Besuchsplänen erzählt hatte, hatten viele gesagt, das sei ja wie im Film. Jetzt waren sie Zeuge, wie die beiden Hauptdarsteller aufeinandertrafen. Das war Kino live.

Später sah ich meine Mutter zu Owen gehen, der noch immer mit Alexander auf Englisch diskutierte. Ich stellte mich so unauffällig wie möglich in die Nähe von ihnen, um bloß nichts zu verpassen.

«Jetzt ist aber genug mit all dem Englisch», erklärte meine Mutter forsch. «Oin, du musst Deutsch sprechen, es wieder lernen, damit wir uns über die alten Zeiten unterhalten können – good old time!»

«Isch gebe my best. Muss mich erinnern», entgegnete Owen mit einem Schmunzeln.

«Magst du immer noch Rock 'n' Roll?», fragte meine Mutter.

«Aber ja – of course!», bekräftigte Owen mit entschlossenem Nicken.

Sie standen nah beieinander und schienen dieses Wiedersehen gar nicht so unangenehm zu finden.

Dann drehte Jan die Musik leiser und verkündete, es gebe jetzt, aus gegebenem Anlass, ein paar ganz besondere Songs. Feierlich zog er eine Schallplatte aus der Hülle, auf der fünf schwarze Köpfe abgebildet waren. Darunter schlängelte sich der silberglitzernde Schriftzug «The Downbeats». Es war die Platte, die Owen in den frühen sechziger Jahren mit seiner Band aufgenommen hatte. Jan hatte sie im Internet bei einem holländischen Plattenhändler aufgestöbert.

Owens tiefe, angenehme Stimme durchschallte jetzt den Raum. Dass er in der Band auch gesungen hatte, wusste ich bereits aus seinen Mails. Der Bass schwoll an, das Saxophon setzte ein, das Schlagzeug wummerte durch das ganze Wohnzimmer bis in den letzten Winkel.

Owen und meine Mutter standen sich gegenüber und lächelten sich vorsichtig an. Owen wippte mit dem Fuß, meine Mutter schob die Schultern ganz leicht im Takt hin und her. Mir schien es, als wären sie nicht länger in meinem Wohnzimmer, sondern wieder zwanzig und in einer schummrigen Wuppertaler Bar.

Es klingelte an der Haustür. Ich lief hinaus, den nächsten Gast zu begrüßen. Es war Musa, der Mann meiner Mutter. Ihm schien die ganze Situation überhaupt nicht zu behagen. Wortkarg wie sonst nie, hängte er seine Lederjacke an die Garderobe, die vor Mänteln und Schals bereits überquoll. Zur Aufmunterung machte ich Musa einen Caipirinha, auch wenn er diesen als Barmann sicher selbst viel besser hätte mixen können.

Als ich zurück ins Wohnzimmer kam, sah ich, wie Owen und meine Mutter sich in der Sitzecke des Sofas gegenübersaßen und sich mit Rotwein zuprosteten. Sie unterhielten sich in einer Mischung aus einfachem Englisch und einfachem Deutsch.

«Over fünfzig years in Wuppertal», hörte ich meine Mutter sagen. «Good music!» Sie hielt einen Daumen hoch.

«Ja, lange vorbei», antwortete Owen. «War eine schöne Zeit.»

Ich war bereits auf dem Weg zu den beiden, um eventuell zu übersetzen, hielt aber inne, als ich merkte, dass sie sich gut unterhielten. Früher waren sie ja auch ohne mich ausgekommen.

«Du musst learn viel Deutsch. German», ermahnte ihn meine Mutter wieder.

«You are still good looking – hubsch», entgegnete Owen stattdessen.

«Ich weiß. Thank you», gab meine Mutter zurück. «Your Lachen», sie zeigte auf ihren Mund, zog die Lippen in die Breite und entblößte ihre Zähne, «ist auch immer noch das gleiche – same.»

Dann blickte Owen suchend durch den Raum. Als er mich entdeckte, winkte er, und ich fühlte mich ertappt, weil ich ganz in ihrer Nähe stand, als ob sie ahnten, dass ich sie belauschte. Owens Zeigefinger wies auf mich, dann drehte er sich wieder zu meiner Mutter, hob einen Daumen nach oben: «You did a very good job – gut gemacht!», hörte ich ihn sagen.

Schließlich vertieften sie sich in ein Fachgespräch über Elvis und Bill Haley, zusammengebastelt aus deutschen und englischen Versatzstücken, bei dem beide vermutlich höchstens die Hälfte verstanden.

Eine Weile sah ich ihnen noch zu: meinen Eltern, die ich das erste Mal in meinem Leben zusammen sah. Ich sah meinen Vater lachen und gestikulieren, und ich musste auf einmal daran denken, wie viele zufällige Geschehnisse zusammentreffen mussten, um mich ihn tatsächlich finden zu lassen. Hätte der Indonesier nicht seine Vaterschaft angefochten und das Gerichtsverfahren angestrebt, hätte ich nie eine Chance gehabt, den Namen meines Vaters herauszufinden. Und was, wenn die deutsche Bürokratie nicht so zuverlässig Akten über vierzig Jahre aufbewahren würde? Und es musste meine Tochter Hannah sein, die auf das Foto gestoßen war. Nur sie hat diesen besonderen Blick. Keiner von uns hätte auf diesem kleinen, verzogenen Foto meinen Vater erkannt.

Gut, man könnte auch einwenden, einfacher wäre es gewesen, meine Mutter hätte damals Stift und Zettel zur Hand genommen und sich für alle Fälle den Namen meines Vaters notiert. Aber das hätte nicht zu ihr und ihrer damaligen Lebenssituation gepasst.

Ja, damals, im Jahr 1963, in einem Hotel in Wuppertal, als meine Mutter jung und fruchtbar und Owen potent genug gewesen war, um das Unwahrscheinliche wahr werden zu lassen, durch eine einzige gemeinsam verbrachte Nacht – wobei fraglich ist, ob es überhaupt eine ganze Nacht war –, und zu Mutter und Vater zu werden. Sei's drum! Aus meiner Sicht haben meine Eltern an diesem Abend letztlich alles richtig gemacht.

ABSCHIED UND ANKUNFT

Drei Wochen verbrachte Owen bei uns in Deutschland. Drei Wochen, in denen wir zusammen kochten, lachten und zahlreiche Currywürste und Schaschlikspieße in Imbissbuden verputzten. Wir besichtigten Burgen, Museen und kleine alte Städte, die Owen voll Ehrfurcht bestaunte. Jahrhundertealte Gemäuer voller Geschichte, die er so liebte und die es weder auf Jamaika noch in Kanada gab.

Abends saßen wir zusammen um den Esstisch und erzählten einander bis tief in die Nacht aus unserem Leben. Owen passte so gut zu unserer Familie, als hätte es ihn für uns alle schon immer gegeben.

Ich sah ihm gerne zu, wenn er gewissenhaft seine Serviette auf den Knien drapierte oder wenn er morgens wie aus dem Ei gepellt immer lässig, aber gut gekleidet und nach Rasierwasser duftend das Esszimmer betrat. Ich liebte es, ihm dabei zuzusehen, wie sein ganzer Körper erbebte, wenn er in schallendes Lachen ausbrach, um im nächsten Augenblick wieder mit ruhiger Stimme zu erzählen. Zum Beispiel von seiner Begegnung mit den Beatles im legendären Hamburger «Kaiserkeller» 1960. Gemeinsam gingen die beiden Bands nach einem Konzert auf der nahegelegenen Reeperbahn aus. Ein lustiger, ausgelassener Abend sei es gewesen. Doch ehrfürchtig sei man den späteren Weltstars beileibe nicht begegnet: «Sie waren noch nicht berühmt. Es war keine große Sache. Sie waren einfach nur irgendeine Band.»

Oder wie sich Owens Mundwinkel schmunzelnd verzogen, als meine Mutter in Stöckelschuhen eine Burg im Rheingau erklomm. «Einmal und nie wieder!», fluchte sie dabei vor sich hin, und sowieso sei sie nur ihrer Tochter zuliebe mitgekommen.

Es war Owens Idee gewesen, im nächsten Sommer mit allen zusammen nach Jamaika zu reisen, seiner neu gewonnenen Familie aus Deutschland und seiner Familie aus Kanada. Owen brannte darauf, uns nicht nur Frau und Kinder, sondern sämtliche Familienangehörige vorzustellen sowie sein Geburtshaus in Kingston, seine alte Dorfschule und das Grab seiner Großeltern – meiner Urgroßeltern –, die auf Jamaika begraben lagen. Wir müssten unbedingt den leuchtenden Hibiskus sehen und den endlosen jamaikanischen Himmel. Die Farben und das Licht dort seien unglaublich. Und erst die entspannten, aufgeschlossenen Inselbewohner. Alles sei einzigartig, alles sei anders auf Jamaika.

Meine Kinder waren sofort Feuer und Flamme. So lange schon hatten sie von dieser Reise geträumt. Und als klar war, dass sie zusammen mit ihrem jamaikanischen Großvater dorthin reisen würden, konnte sie nichts mehr halten. Die folgenden Monate dozierten sie über alles, was sie über Jamaika wussten. Sie erstellten Listen von Orten, die sie unbedingt sehen wollten, das ehemalige Haus von Bob Marley, das Café des Sprint-Stars Usain Bolt sowie ein halbes Dutzend Reggae- und Dancehall-Clubs.

Hannah feilte weiter an ihrem Patois, der jamaikanischen Kreolsprache. «Guten Morgen – Gud mawnin», hörte ich sie im Badezimmer beim Zähneputzen vor sich hin murmeln. «Mi nah noa – Ich weiß nicht», lautete bald ihre Standardantwort auf alles.

Auch Alexander fieberte der Reise entgegen und lebte seine

Vorfreude auf seine Weise aus. Er recherchierte die besten Reiseführer und Wanderkarten und führte beim Abendbrot ausführlich in die Geschichte Jamaikas ein.

Auch ich freute mich, wenn auch etwas verhaltener. Ich wusste nicht recht, was mich auf dieser Insel erwarten würde. Ich kannte die trostlosen Slums aus dem Dokumentarfilm «Journey to Jah», und ich kannte Owens sonnige Kindheitsgeschichten. Ich schaute mir die paradiesischen Fotos in den Reiseführern an, aber Jamaika blieb für mich ein großes Geheimnis. Ich wusste nicht, ob sich auf dieser Insel für mich eine Art Zu-Hause-Gefühl einstellen, ob ich mich zugehörig fühlen könnte in der Kultur und Lebensart dieses Landes.

Noch jemand anderes hatte Bedenken wegen dieser Reise: Owens Frau Sandra. Sie wisse noch nicht, ob sie mitkäme, schrieb mir Owen im Frühjahr aus Kanada. Sie war nur einmal mit ihm auf Jamaika gewesen, vor über zwanzig Jahren. Damals hätten sie einen Hurrikan miterlebt und Sandra habe sich darauf geschworen, diese unheilvolle Insel nie wieder zu betreten.

Und außerdem, gestand mir Owen, sei sie ein wenig ängstlich, mir, Owens ältester Tochter, zu begegnen. Für sie, die bis vor ein paar Monaten nichts von meiner Existenz gewusst hatte, war die Situation gewöhnungsbedürftig. Für sie brachte die neue Tochter ihres Mannes vor allem Unruhe in die Familie, und wer konnte es ihr verdenken.

«Warum hast du ihr nie erzählt, dass du noch eine Tochter hast?», hatte ich ihn eines Abends an unserem Küchentisch gefragt.

Nun ja, er habe nicht daran geglaubt, mich jemals zu treffen, und deshalb die Pferde nicht unnötig scheu machen wollen, hatte Owen geantwortet in seiner gewohnt gelassenen Art – ja, letztendlich habe ich für ihn nur in seinem Kopf und auf zwei winzigen Fotos existiert. Und es sei eben seine Art, schmerzhafte Dinge mit sich selbst auszumachen.

Und noch eine weitere Person wollte nicht mit nach Jamaika, nie im Leben und unter gar keinen Umständen.

«Hättest du nicht Lust mitzukommen?», hatte ich meine Mutter gefragt. «In den Bars gibt es überall Jazz, haben die Kinder erzählt. Dort spielen an jeder Ecke Live-Bands. Das wäre doch was für dich.»

Meine Mutter atmete am anderen Ende der Telefonleitung geräuschvoll aus. «Nee, nee, lass mal, Juschilein. Das reicht jetzt auch. Ich kenne den Mann doch gar nicht. Für euch ist das schön. Ich freue mich für dich. Aber was soll ich da? Ich bin dreiundsiebzig. Ich kann die Hitze und die Schwüle sowieso nicht ab.»

Als wir im August 2015 in Düsseldorf ins Flugzeug stiegen, war es früher Morgen.

Als wir nach zwölf Stunden die Maschine verließen, war es auf Jamaika Mittag. Der Himmel war strahlend blau. So ein stechendes Himmelblau hatte ich noch niemals gesehen. Gleich beim Aussteigen wurden wir eingehüllt in warme, dichte Luft, die sofort einen klammen Film auf die Haut legte.

Nach der Kontrolle unserer Reisepässe, die durch eine streng aussehende Zollbeamtin erfolgte, durften wir die Ankunftshalle betreten. Wir waren in Jamaika. Der Heimat meines Vaters. Und noch an diesem Tag, wenn sein Flugzeug landete, würde ich ihn wiedersehen. Ihn und seine Familie.

Unsere Koffer wurden uns von Flughafenangestellten ausgehändigt. Als ich auf meinen Koffer zeigte, reichte ihn mir ein großer schwarzer Mann mit dichten, kurzgeschnittenen Locken und tiefbraunen Augen. Lächelnd sah er mich an. Er stellte den Koffer vor mir ab und sagte: «Welcome home!»

HAPPY RETREAT

Neben den üppigen, meterhohen Blütenpflanzen, von denen ich die meisten nie zuvor gesehen hatte, waren das Auffälligste die Kirchen. Sie waren überall. In jedem noch so winzigen Dorf gab es drei, vier Gotteshäuser. Das heißt, einige von ihnen waren gar keine Häuser, sondern lediglich eine große Anzahl von Holzbänken unter einem Holzdach und gaben sich nur durch hölzerne Schilder als Kirchen zu erkennen: «Presbyterian Church», «Catholic Church», «Pentecostal Church», «United Church of Jamaica» ... Die Kirchen lagen mitten zwischen kleinen pastellfarbenen Wohnhäusern oder Hütten, die die kurvige Landstraße säumten.

Obwohl wir schon seit einer Woche auf der Insel waren, staunte ich noch immer, wie sehr sich das Leben der Menschen draußen abspielte. Wie sichtbar auf dieser Insel alles war. Familien saßen vor ihren Hütten, aßen zu Mittag. Frauen wuschen ihre Wäsche. Ein Mann jagte fäusteschwingend ein entlaufenes Huhn. Kinder winkten unserem Kleinbus nach. Ein paar Jungens in löchrigen Hosen spielten barfuß mit einer alten Kokosnuss Fußball.

Nur die größeren Häuser, deren weiße Fassaden im Sonnenlicht erstrahlten, thronten abseits der Straße an den Hängen, von Kokospalmen umgeben und meterhoch umzäunt.

Dann wieder kilometerlang nichts als Bäume und Sträucher, saftig grün, wie sauber gewaschen von jeglichem Staub.

«Blue Mahoe», rief Owen von seinem Sitz und zeigte auf

eine Pflanze, wobei sich sein Zeigefinger fast durch die Fensterscheibe bohrte. Seit unserer Ankunft auf Jamaika war mein Vater Feuer und Flamme, uns alles, aber wirklich alles, auf seiner Heimatinsel zu zeigen.

«Achtung, Schildkröte – Turtle!», rief Alexander, der sich hochkonzentriert durch den Linksverkehr schlängelte, vom Fahrersitz und trat so abrupt auf die Bremse, dass der Bus heftig ins Ruckeln geriet.

Vorsichtig fuhren wir weiter. Die Fahrt führte weiter über schmale, teils unbefestigte Straßen und Bergpässe. Fast zwei Stunden waren wir jetzt unterwegs. Zu zehnt hatten wir uns einen Kleinbus gemietet: Lotta, Hannah, Elena, Jan, Alexander, ich – und Owen, meine Halbgeschwister Shauna und Tyler sowie Owens Frau Sandra, die sich doch dazu durchgerungen hatte mitzukommen. Eine zehnköpfige, frisch zusammengefügte Familie.

Auf der Rückbank, laut gackernd und auf Englisch herumalbernd, quetschten sich Elena, Jan, Lotta und Tyler. Tyler war mein neuer Bruder, der mit seinen neunundzwanzig Jahren auch mein Sohn hätte sein können. Groß, schmal, muskulös und mit Rastazöpfen bis zur Taille, sah er aus wie ein gut trainierter Rastafari, und damit ziemlich genau wie jenes Phantombild, das ich früher von meinem Vater im Kopf hatte.

In der mittleren Reihe saßen Shauna und ich. Durch die lange Autofahrt ermüdet, lehnte meine neue Schwester ihren Kopf gegen meine Schulter, und obwohl wir uns erst seit sieben Tagen kannten, fühlte es sich gut und vertraut an. Mit Shauna sprach ich nicht nur über unsere Kindheitsjahre, über Literatur und Familiengründung, von der sie mit ihren zweiunddreißig Jahren träumte, sondern von ihr lernte ich auch alles über die Pflege krauser Haare und dunkler Haut, von Sheabutter bis Arganöl, all das, was für Schwarze untereinander selbstverständlich war. Gemeinsam hatten wir mir Make-up in einem Kaufhaus besorgt, das erste in meinem Leben, das wirklich zu meinem Hautton passte.

Auch Shauna war noch nie in der Heimat ihres Vaters gewesen, und so hob auch sie wieder den Kopf, drückte die braune Nasenspitze an das Fenster und konnte sich an dem Schwarm leuchtend bunter Kolibris, der gerade draußen vorüberflog, nicht sattsehen.

Meine zierliche Stiefmutter Sandra saß ruhig neben ihrem Mann. Nur ihre wachen Augen huschten rasch hin und her, versuchten alles zu erfassen.

Ganz vorne auf dem Beifahrersitz saß Hannah und sah seit Stunden stumm aus dem Fenster, saugte jedes Ortseingangsschild, jede Blütenform, jedes Farbenspiel der vorbeiziehenden Landschaft in sich ein.

Alexander fluchte wieder über ein Schlagloch. Elena rief von der Rückbank, jetzt sei es aber mal genug mit Rock 'n' Roll, jetzt wäre Zeit für Gentleman, ihren Lieblingssänger. Doch noch ehe die ersten Reggae-Beats durch den Bus schallten, tauchte mitten in der Wildnis, direkt vor einer riesigen Bananenpflanze, plötzlich ein großes Schild auf. «Happy Retreat» – was so viel bedeutete wie glücklicher Rückzugsort – war in schöner, geschwungener Schrift in das Holz eingebrannt.

Selbst mein sonst so in sich ruhender Vater wirkte plötzlich aufgeregt, rutschte auf seinem Autositz hin und her. Wir folgten dem Pfeil auf dem Schild und bogen auf einen asphaltierten Weg ab. Owen zeigte auf das terrakottafarbene Haus, das keine zweihundert Meter entfernt vor uns auftauchte. Das, erklärte er mit feierlicher Stimme, sei das Geburtshaus seines Vaters.

Eine lässig in Jeans und bunt gestreifter Bluse gekleidete Frau mit Brille und eng am Kopf zusammengebundenen Haa-

243

ren kam wiegenden Schrittes auf uns zu. Das musste Aunty Barbara sein, Owens Cousine, die mittlerweile in diesem Haus lebte. Zu Ehren der angereisten Verwandten aus Europa und Kanada hatte sie sämtliche auf Jamaika lebenden Familienmitglieder zu einem Fest eingeladen.

«Willkommen!», rief sie auf Englisch. «Wie lange ist das her, mein lieber Cousin!» Sie strahlte und schloss Owen in die kräftigen Arme. Über zwanzig Jahre hatten sich die beiden nicht gesehen.

Dann erspähten ihre funkelnden Augen mich. Ob ich ihre niedliche Nichte sei, lachte sie auf. Und nein, wie sehr ich ihrer Großmutter, Grandma Julie, doch ähnlich sähe! Aunty Barbara drückte mich so fest an sich, dass ich kaum noch Luft bekam. Diese Frau roch nicht nur angenehm nach Kokosöl, sie hatte auch eine enorme Muskelkraft. Kein Wunder, war sie doch bis zu ihrer Pensionierung Polizeichefin von ganz Montego Bay gewesen, als erste Frau überhaupt. Dann schnappte Aunty Barbara sich Owens Frau und ging plaudernd mit ihr Richtung Haus.

Staunend betrachtete ich die vielen Menschen, die im Garten versammelt standen. Das waren ja mindestens vierzig Leute! Und ich hatte immer gedacht, dass ich kaum Verwandte hatte.

Über einen schmalen Kiesweg, der von blühenden Orchideen gesäumt war, durchschritten wir den Garten. Die ersten Gäste kamen uns entgegen. Arme wurden ausgebreitet. Unbekannte Hände winkten uns zu. Alle waren gekommen: Owens Cousinen und Cousins, meine Großtanten und Großonkel sowie deren Kinder und Enkelkinder. Ein wildes Vorgestellt- und Umarmtwerden begann.

Eine ältere Frau im langen Kleid, die Haare in ein farbenfrohes Tuch gewickelt, drückte den verdutzten Alexander an ihren großen Busen und schmatzte einen herzhaften Kuss auf seine Wange. Ein Mann schüttelte mir die Hand und stellte sich als Onkel Brian vor. Seine grauen Dreadlocks berührten beinahe den Boden. Onkel Brian war ein richtiger Rastafari, der einzige der ganzen Familie.

Wir lernten die Brüder John und Junior kennen, ebenfalls Polizisten, genau wie Aunty Barbara. Und Sarah, die mich umarmte und mich dann auf Armlänge von sich weghielt, um mich genauer zu betrachten. Strahlend erklärte sie mir, ich sähe wirklich haargenauso aus wie meine Großmutter. Da gab es Paul, Großcousin und IT-Manager im anthrazitfarbenen Zweireiher, mit gestreifter Krawatte und akkurat gestutztem Afro. Und Cousine Mary, die als Lehrerin arbeitete und über unsere Ankunft so gerührt war, dass sie sich immer wieder eine Träne aus dem hübschen Gesicht wischte.

«Yow! Yow! Weh yuh name?», zupfte ein kleiner schwarzlockiger Neffe an Hannahs Wickelrock.

«Fi mi name ah Hannah», antwortete meine Tochter ohne Umschweife im schönsten Patois und strubbelte dem Kleinen durchs Haar. Ein Mädchen brannte darauf, Elenas hellbraune Locken anfassen zu dürfen.

Schon bald hatte jede meiner Töchter eine kleine Cousine auf dem Arm. Jan hob ein Baby über seinen Kopf, sodass dieses vor Freude gluckste, ehe ein paar fußballverrückte Neffen ihn und Tyler auf die Wiese zum Dribbeln zogen.

Ein Onkel erkundigte sich bei mir, ob es in Deutschland Mikrowellen und Wäschetrockner gebe oder ob wir noch immer in diesen hübschen Fachwerkhäuschen lebten wie bei den Brüdern Grimm. Er habe in seinem ganzen Leben noch nie diese Insel verlassen, was eigentlich auch nicht bedauerlich sei. Und ach, ob ich eigentlich wüsste, wie sehr ich meiner verstorbenen Großmutter ähnlich sähe? Das heißt, abgesehen davon, dass ich ja gar nicht *richtig* schwarz sei. Irgendwie sähe ich auch ein bisschen aus wie eine Weiße, wenn er es sich recht überlege.

Ich musste grinsen. Das hatte noch nie jemand zu mir gesagt. Sah ich meiner eigenen Mutter also doch ein wenig ähnlich?

Doch schon bald, nachdem jeder jeden begrüßt hatte, wurden wir zugereisten Familienmitglieder wie selbstverständlich integriert. Alle waren darauf bedacht, uns mit einzubeziehen und dabei so zu tun, als sei es ganz alltäglich, dass wir uns sahen, als brauche man sich nicht erst zu erklären und keine großen Fragen zu stellen zu biographischen Eckdaten, wie ich es aus Deutschland gewohnt war («Und was machst du beruflich?»).

Aunty Barbara beschäftigte gerade der Umbau ihres Hauses, und sie schwärmte von verschiedenen Holzarten für Türen und Treppengeländer. Schnell kam man auch auf die Probleme des Landes zu sprechen: die umfangreiche Abholzung der Wälder in früheren Jahren, um Platz für Hotels zu schaffen, und dass es nun endlich eine Gegenbewegung gebe, die die Vegetation wieder ausdehnen wollte. Außerdem wurde über die Kriminalität in den Slums diskutiert und die Schwierigkeiten, die Kinder von dort in das Bildungssystem zu integrieren.

Ein Cousin erzählte mir haarklein, weshalb er vor kurzem von der «Presbyterian Church» zur «Pentecostal Church» konvertiert war, und ich lauschte und fühlte mich zwischen all den neuen Verwandten sehr wohl. Wenn mein Stiefvater Hans mich hier stehen gesehen hätte, dachte ich in diesem Moment, er hätte die Hände über dem Kopf zusammengeschlagen, sich weggedreht und gebrummt, er habe mich doch stets ermahnt, ich solle mich von diesen Schwarzen fernhalten, das brächte nur Probleme. Dabei fühlte ich mich nicht viel anders als in einer Gruppe Verwandter und Freunde in Deutschland.

Leuchtend bunt hob sich die Kleidung der Gäste ab von ihrer dunklen Haut. Wie gern hätte ich von diesem Anblick ein Foto gemacht, doch bevor ich darüber nachdenken konnte, wo eigentlich mein Smartphone war, drückte mich eine neu eingetroffene Tante an sich und dankte dem Herrn im Himmel für meine Existenz.

Fast alle hatten sich schick gemacht, die älteren Frauen trugen überwiegend eng anliegende Kleider mit bunten, graphischen Mustern, die jüngeren kurze Röcke mit bunten Blusen, die Männer lange helle Stoffhosen und kurzärmelige Hemden.

In einem Slum schien hier niemand zu leben. Den Berufen nach zu urteilen, entstammten die meisten Familienmitglieder der Mittelschicht, vor allem existierte unter den Mc Farlanes eine ganze Polizisten-Dynastie. Nur Onkel Brian, der Rastafari, wohnte in einer ärmlichen Hütte, baute Obst und Gemüse an und lebte von der Hand in den Mund, wie Owen mir später erzählte.

«Come to eeeat!», rief Aunty Barbara mit ihrer durchdringenden Polizeichefinnenstimme alle Gäste ins Haus. Vierzig Verwandte marschierten ihr hinterher, folgten der betörenden Duftspur aus Curry, Zimt, Mango und gegrilltem Fleisch. Zwei Tage lang hatten Aunty Barbara und ihre Töchter gebacken und gekocht.

In der Küche war ein Buffet aufgebaut, das vom Fenster bis zur Tür reichte: Dampfende Tontöpfe voller Jerk-Chicken, riesige Schalen mit gebratenen Kochbananen, eingelegte Papaya, Reistöpfe mit Kokosmilch, Ackee and Saltfish, das typisch jamaikanische Fischgericht, und Dutzende landestypische Köstlichkeiten mehr.

Ein zahnlückiges Mädchen wollte gerade einen Finger in

den Süßkartoffelpudding stecken, aber Aunty Barbara zog die kleine Hand mit einem Lächeln zurück. Denn zunächst sollten sich alle Gäste an der festlich geschmückten Tafel im Wohnzimmer einfinden, die so lang und breit war wie vier Tischtennisplatten hintereinander.

Als alle einen Platz gefunden hatten, erhob sich Barbaras ältester Bruder Steven von seinem Stuhl am Kopfende der Tafel. Stolze dreiundachtzig Jahre alt, tippte der dürre weißlockige Onkel mit der Gabel gegen sein Glas und begann eine Rede. Das eben noch überschwängliche Geplauder wich einer aufmerksamen Stille.

Als männliches Familienoberhaupt begrüßte er die ganze Familie der Mc Farlanes, die sich – und dabei sah er lächelnd zu mir – im letzten Jahr so wundersam vermehrt habe. Nicht nur Jutta sei zur Freude aller hinzugekommen, sondern mit ihr gleich Mann und Kinder. Außerdem begrüßte er aufs herzlichste die Familienangehörigen aus Kanada, die ebenfalls weit gereist waren, um Zeit in der Heimat zu verbringen – einer Heimat, die die meisten von ihnen nie zuvor gesehen hatten. Die Aufgabe der Alten sei es stets, den Jungen die Familie und ihre Wurzeln nahezubringen, damit sie sich, egal, wo auf der Welt sie sich aufhielten, aufgehoben und verbunden fühlen können. Und deshalb sei er unendlich dankbar, dass alle es möglich gemacht hätten zu kommen. Was immer das Leben mit sich brächte, dem Rückhalt durch die Familie, die Mc Farlanes, könnten sich alle sicher sein.

Feierliche Stille. Cousine Mary, die Lehrerin, schluchzte ergriffen.

«Hunger, Hunger!», rief die zweijährige Maja und wischte damit auf einen Schlag die allgemeine Rührung vom Tisch. Alle Mc Farlanes applaudierten, und damit war das Buffet offiziell eröffnet.

Das Haus von Aunty Barbara lag mitten in der Natur. Vorne war ein hübscher Garten mit Blumen und Büschen angelegt. Doch noch schöner, noch überwältigender war es hinter dem Haus. Zig Meter hohe Bananenpflanzen wuchsen dort, von üppig behangenen Orangen-, Feigen- und Mangobäumen umgeben und hier und da von einer Kokospalme majestätisch überragt.

Ein süßlicher Duft nach reifen Früchten durchdrang die feuchtwarme Luft. Was für ein überwältigendes Farbenspiel: die sattgrünen Blätter der Bäume, die gelb und orange leuchtenden Früchte, der stechend blaue Himmel, und in den Ästen zwitscherten Vögel mit leuchtend buntem Gefieder.

Die erste Buffet-Runde war vorüber, die Gäste standen über das ganze Grundstück verstreut. Auf der Terrasse wurde jetzt von Owens Neffen Michael selbstgebrannter Rum ausgeschenkt. Michael ging auf die Polizeischule, doch seine eigentliche Berufung sei, versicherte er allen, die Schnapsbrennerei. Ganz hinten im Garten schnitt Onkel Junior Zuckerrohr und gab die süßen Stücke den Kindern zum Probieren herum.

Owen und ich saßen auf einer Gartenbank, tranken unser Gläschen Rum und sahen den anderen zu. Auf einmal erklangen hinter mir Gitarrenriffs. Eine Trommel gesellte sich hinzu, gefolgt von einem Saxophon, und ohne mich umzudrehen, erkannte ich, dass der Saxophonist mein Sohn war. Ein Verwandter hatte ein Saxophon mitgebracht, und auf der Terrasse, im einsetzenden Dämmerlicht, begannen die drei, unter anfeuernden Rufen der anderen, miteinander zu jammen.

«Hey, Owen! Spiel mit uns!», rief Steven an der Schlagtrommel zu uns herüber.

«Eine Minute», rief Owen zurück und wippte zu den Reggae-Beats mit dem Fuß. Wir saßen schweigend nebeneinan-

der und sahen in die Dämmerung: die Zeit zwischen Sonnen-
untergang und Dunkelheit, die ich auf Jamaika am liebsten
mochte, in der das leichte Grau des Himmels in klarem Kontrast zu den satten Farben der Bäume und Blüten steht, die
beinahe zu leuchten scheinen.

«So fühlt sich Heimat an», sagte Owen in die Stille und legte
seinen Arm um meine Schulter.

Ich sah in den Himmel, nickte.

Es gab so vieles, was mich an dieser Insel faszinierte. Die
berauschende Natur natürlich, aber auch die Lebensart der
Menschen. Wie sehr die Jamaikaner einfach draufloszuleben
schienen, improvisierten, sich auf immer neue Situationen
einließen, mit ihren Erfordernissen mitschwangen. Das war
auch ein Teil von mir, darin konnte ich mich wiedererkennen:
Oft tat ich mehrere Dinge gleichzeitig, machte vieles ohne
Plan, kochte und backte ohne Rezept, warf Bastelanleitungen
sofort weg und schnippelte einfach drauflos. Hier, auf Jamaika, schienen viele auf diese Weise zu leben.

Jamaika, das war für mich kreative, produktive Spontanei-
tät, die auch Unordnung und Chaos zuließ, um dann etwas
überraschend Strukturiertes, Handfestes hervorzubringen,
wie phantastische Musik, Kunst, Literatur oder sportliche
Vielseitigkeit. Jamaika, das war sprühende Lebensfreude, und
dennoch, und das war das Eigentümliche dieser Insel, immer
mit einem Schuss britisch anmutender Disziplin. In jedem
Supermarkt und an jeder Bushaltestelle stellte man sich in
eine ordentliche Schlange, und setzte man sich in einem Ein-
kaufszentrum auf die Stufen zwischen den Stockwerken, wurde man umgehend aufgefordert, zum Sitzen doch die dafür
vorgesehenen Bänke zu benutzen. Da hatten die einstigen
Kolonialherren ihre Spuren hinterlassen.

In zwei Wochen würden wir zurück nach Deutschland fliegen. Ich wusste, dass ich wiederkommen würde, dass diese Insel zu mir passte, dass ich mich hier zu Hause fühlen könnte, irgendwann.

Vor allem aber fühlte ich mich zu Hause in der Gegenwart meines Vaters. Vor ein paar Tagen war er am Strand in der Hängematte neben mir eingeschlafen, und ich hatte ihn lange betrachtet. Es ist schön, ihn zu kennen, dachte ich. Auch wenn er bald wieder in Kanada ist, weiß ich ihn doch an meiner Seite. Ihn zu kennen macht mich runder, entspannter, vollständiger, macht – und das hat selbst mit fünfzig Jahren eine große Bedeutung – meine Existenz selbstverständlicher. Durch ihn fühle ich mich geerdeter, mehr im Leben verankert. Die Sorge vor der einen großen, unerfüllten Sehnsucht ist nicht mehr da, ist der Gewissheit der Existenz und der Zuneigung meines Vaters gewichen. Um ihn zu wissen hat viel mehr Bedeutung, als ich es jemals vermutet hätte.

Von der Terrasse erschallte jetzt ein vielstimmiger Chor: «Ow-en! Ow-en! Ow-en!»

Mein Vater nahm den Arm von meiner Schulter, entschuldigte sich, stand auf, schnappte sich seine Akustikgitarre und schritt in Richtung Terrasse, um sich der Jam-Session anzuschließen. Irgendwer hatte Alexander eine Kokosnuss-Rassel in die Hand gedrückt. Verdutzt, aber zunehmend begeistert musizierte er mit.

Ich saß noch eine Weile im Garten, betrachtete die Palmen, die sich schattenhaft vom Himmel abhoben. Und dann tat ich etwas, das einen gewissen Bruch in die Situation brachte, mir aber dennoch auf der Seele brannte: Ich zog mein Smartphone aus der Handtasche und tippte eine Nachricht.

«Hallo, Mama! Alles wunderbar hier. Wirklich alles! Nur du fehlst. Bis bald.»

Ich hatte tatsächlich Empfang, die Nachricht entschwand

sofort über den Atlantik. Dann ging ich zurück auf Aunty Barbaras Terrasse und stellte mich dicht hinter meine Töchter, die breit lächelnd und mitwippend der kleinen Reggae-Combo lauschten.

DANK

Ich danke meinen Kindern Jan, Elena, Hannah und Lea (Lotta) für ihre vielen Fragen, ohne die es diese wohltuenden Antworten nicht gegeben hätte, und für das Leuchten in ihren Augen bei jedem einzelnen Kapitel.

Arne danke ich für die Begeisterung für dieses Buchprojekt an sich und für viele Stunden intensiven, kritischen Zuhörens.

Ich danke Adi für einen ganzen Nachmittag «70er-Jahre-Flair-Brainstorming» und ihre wohlüberlegten Anmerkungen zum Manuskript.

Meiner Mutter und meinem Bruder danke ich für viele Details, das Wühlen in alten Erinnerungen und dafür, dass sie mich vertrauensvoll haben machen lassen.

Christiane, Bine, Petra, Birgit, Katrin, Maren, Silvia und Tilo danke ich für ihre mentale Unterstützung, ihre Ideen und ihre Motivation.

Dad, Shauna und Tyler danke ich für ihren Anteil am Happy End.

Meiner Lektorin Susanne Frank danke ich für ihre zugewandte Begleitung.

Georg danke ich sehr für seine Freude über meine Geschichte und für die Initialzündung, die er gab, sie aufzuschreiben.

Ganz besonders viel verdanke ich Ella. Für mich hätte es keine bessere Unterstützerin und Weggefährtin für das Schreiben dieses sehr persönlichen Buches geben können.

Ildikó von Kürthy
Neuland

Die Hälfte des Lebens ist vorbei. Und jetzt ist es Zeit.
Höchste Zeit.
Aber für was eigentlich?
Selbstverwirklichung, Gelassenheit, Idealgewicht? Soll ich
nach meiner Mitte suchen oder nach einem großen, vielleicht letzten Abenteuer? Ist es Zeit für einen Anfang oder
für ein Ende oder doch nur für eine Probestunde Pilates
und eine andere Frisur?
«Neuland» ist ein Neujahrsbuch. Ein Buch für Neuanfänger
und Neuaufhörer.
Ein Jahr lang habe ich mich auf die Suche nach dem besseren Leben gemacht. Yoga in der Morgensonne. Fasten mit
der Prominenz. Schweigen im Kloster. Rhetorik für Füh-
rungskräfte. Digitale Entgiftung.
Ein Selbstversuch in Selbsterfahrung.
Noch Fragen?

400 Seiten

Weitere Informationen finden Sie unter www.rowohlt.de

Das für dieses Buch verwendete Papier ist FSC®-zertifiziert.